一方水土

家园情怀中的
深圳本土历史课程资源

黄斌胜 / 著

吉林 人民出版社

图书在版编目（CIP）数据

一方水土：家园情怀中的深圳本土历史课程资源 /
黄斌胜著. — 长春：吉林人民出版社，2019.12

ISBN 978-7-206-16890-1

Ⅰ.①一… Ⅱ.①黄… Ⅲ.①中学历史课—教学研究
Ⅳ.①G633.512

中国版本图书馆CIP数据核字（2020）第012770号

一方水土——家园情怀中的深圳本土历史课程资源
YIFANG SHUITU JIAYUAN QINGHUAI ZHONG DE SHENZHEN BENTU LISHI KECHENG ZIYUAN

著　　者：黄斌胜		封面设计：姜　龙	
责任编辑：王　斌			

吉林人民出版社出版发行（长春市人民大街7548 号　　邮政编码：130022）

印　　刷：北京虎彩文化传播有限公司

开　　本：787mm×1092mm　　1/16

印　　张：8.25　　　　　字　　数：149千字

标准书号：ISBN 978-7-206-16890-1

版　　次：2022年6月第1版　　印　　次：2022年6月第1次印刷

定　　价：45.00元

踏上南下的列车，来到这座被称为"一夜之城"的"边城"担任中学历史教师，已经是十几年前了。那一年，国家新一轮的高中课程改革首先在广东等省展开。赶上新课程改革潮流的老师们都像风中奔跑的少年，在时代风向标的指引下一路向前。然而，高中历史课程和教材到目前为止的这十几年没有显著的变化，而我们的时代、我们的国家以及我们的城市已经发生了巨大的变化，不仅在于高楼、高铁，不仅在于互联网、互联网+。

有幸与时代同步当中的人，同时肩负了一定的使命和责任，既是负重的行进者，也是幸福的收获者。"课程、课堂、课题、命题"这些普通到不能再普通的概念，正是我们这些年肩负着的重任。行走在经年的岁月里和平常的道路上，年复一年，日复一日，寒暑易节，无问西东。知而行，行且思，思得悟，悟至知。在这个循环往复的动态流程里，我们力图找到教育的真知和人生的真谛。

课程是学习者的精神食粮，课程资源则是精神食粮的来源。我们经常通俗地说"巧妇难为无米之炊"，课程资源的开发与利用相对于课程实施和课堂教学的关系同样如此。我们为什么要寻求本土的课程资源？因为它是亲切的，它就是我们所处的环境本身。所以，历史课程资源的开发与利用我们不必舍近而求远。通过本土课程资源学习历史，我们会更多地接近和了解这座城市的历史，并且将这些历史与我们时代和国家的大历史有机地联系起来，见微知著，一叶而知秋。尤其对于中学生的认知基础来说，可能教材中的"历史"距离他（她）们相对较远，而本土的历史距离他（她）们相对比较近。我们的责任就是通过本土课程资源尽量拉近孩子们与历史的距离，尽量减少他（她）们对历史的陌生感和疏离感，同时也让孩子们更加了解这座城市的前世今生，更加热爱这座不同寻常的城市。

　　"文化沙漠"曾经是有些人对深圳这片地域的称谓，但是野百合也会有春天，是否会存在着有人类而无文化的地方；是否会存在着经济、社会发展，人文却没有积淀的地带？如果答案是否的话，我认为我们的城市也是有文化的根系和脉络，有文化的源泉和径流。正如纪伯伦所说："假如一棵树来写自传，那也会像一个民族的历史。"

　　易中天先生曾经用"没有方言的城市"来形容这座城市。从语言属性来说，深圳文化在未来的发展应该具有更大的空间。历史是文化的内核，文化是历史的灵魂。作为历史教育工作者，也希望通过本书对深圳的历史做一个力所能及地初步梳理，也算是为深圳的文化建设贡献微薄的力量。所以，这本书兼具我们对历史教学的爱和对深圳的爱。

　　深圳作为中国改革开放的窗口和先锋城市，尤其值得我们记住它的过往，展望它的未来。1980年建立的深圳经济特区也即将步入不惑之年，而我本人早已在深圳度过了不惑之年，虽然人生依然还有许多的困惑。谨以本书献给与深圳同行的过去、现在和将来，献给这么多年来共同为中学历史教育教学而拼搏的师长、同行、朋友。

黄斌胜

2018年6月于深圳

目录

1

第 一 章
中学历史课程资源的开发利用

如果说课程是学生的精神食粮，那么课程资源就是食材和配料，教师则是营养师和厨师。

第一节　中学历史课程资源

一、课程与课程资源

1. 课程

课程是实现教育目的的重要途径，是组织教育教学活动的最主要依据，是集中体现和反映教育思想和教育观念的载体，是学生通过学习活动所获得的全部经历的总和。因此，课程居于教育的核心地位。

2. 课程资源

课程资源是指供给给课程活动、满足课程活动需要的一切，是指有利于实现课程目标的各种因素。它包括构成课程目标、内容的来源和保障课程活动进行的设备和材料，即所谓"素材性课程资源和条件性课程资源"。课程资源不是指向课程活动本身，而是指向构成课程活动所需要的一切素材和条件。目前，我国基础教育改革中提倡的课程资源的开发和利用指的是相对广义的课程概念，也就是形成课程的因素来源和必要而直接的实施条件。以前，我们普遍将课程资源物化，认为课程资源就是教科书、参考书等。事实上，这种认识是很不全面的。因为从课程目标实现的角度看，凡是对之有利的所有因素都应该归属于课程资源，这其中既包括教科书、参考书、教学场所等物化的资源，也包括学科专家、教师、学生等人力资源。在教育教学活动中可以开发和利用的资源多种多样，但需要明确的是，并不是所有的资源都是课程资源，只有那些进入课程，与教学活动联系起来的资源才是现实的课程资源。

二、关于历史课程资源

就历史课程而言，历史课程资源是指有利于历史课程目标实现的各种因素的总和。历史教材、历史文物、历史遗址遗迹、历史题材的影视资料、蕴涵着丰富历史内容的人文景观和自然景观等，都属于历史课程的资源。这些课程资源按空间分布，既有校内的，又有校外的；按其性质，既有文本资源、实物资源，也有人力资源和信息化资源。如果能将这些资源很好地开发、利用，对于中学历史教学大有裨益。可以说，课程资源在当前被赋予了前所未有的广阔涵义，也被推上了前所未有的重要位置。当前的历史教育教学必须加强对课程资源问题的研究，澄清课程资源的概念，强化课程资源意识，提高对课程资源的认识水平，因地制宜地开发和利用各种课程资源。

由于历史学科的特殊性，它的课程资源丰富而复杂。开发利用历史课程资源不仅仅是学科课程专家的任务，更是每一个历史教师的任务，只有将广大历史教师动员起来真正参与到课程资源的开发和利用之中，我们的历史教学水平才能迅速而有效地得到提高。

三、为什么要重视开发和利用历史课程资源

目前课堂教学存在着以下一些问题：

（1）照本宣科、死抠教材的课堂——缺少知识。

（2）角度单一、观点狭隘的课堂——缺少思想。

（3）言之无味、情感贫乏的课堂——缺少情怀。

这些现象的出现反映了课堂上课程资源的缺乏。造成这些现象和问题的原因之一即是教师课程资源开发能力的缺失。

1. 课程资源与课程的关系

课程本身离不开课程资源，但课程资源与课程实施存在着十分密切的关系外延范围。一方面，条件性课程资源并不能作为素材成为课程的主要组成部分；另一方面，即使是素材性资源也不能直接构成课程，它还只能是备选材料，只有在经过教育学加工并付诸实施时才能成为课程。课程实施的范围和水平，一方面取决于课程资源的丰富程度，另一方面更取决于课程资源的开发和运用水平，也就是课程资源的适切程度。课程资源的丰富性和适切性程度决定着课程目标的实现范围和实现水平。

2. 课程功能、学习方式的转变离不开课程资源的开发与利用

历史课程资源的开发和利用对于转变课程功能和学习方式具有重要的意义。一方面，可以超越狭隘的教育内容，让师生的生活和经验进入教学过程，让教学"活"起来；另一方面，可以改变学生在教学中的地位，从被动的知识

接受者转变为知识的共同建构者，从而能大大激发学生的学习积极性和主动性。同时，还可以开阔教师的教育视野，转变教师的教育观念，激发教师的教学智慧。可以说，历史课程资源的开发与利用比以往任何时候都更加重要了。

3. 学校、教师开发校本课程，实施国家、地方课程离不开课程资源的支持

新一轮国家基础教育课程改革，为了增强课程对地方、学校和学生的适应性，不仅设置了包括国家课程、地方课程和校本课程的国家基础教育课程计划框架，而且强调学校和教师创造性地实施新课程，形成具有良好适应性的丰富教学模式。这些课程改革目标的实现在很大程度上取决于课程资源的开发利用状况。

四、百年来历史课程资源的开发利用概况

1. 历史课程资源的开发

1929年，教育部颁布的《初级中学历史暂行课程标准》（1932年正式颁行），其"教法要点"部分共11条，其中与课程资源有关的就有五六条之多。如要求历史教师注意"补充课本上未及编入的，而又是最近发生的，需要让学生了解的重要事件材料"；"酌量学生的程度，随时指定简浅的参考书"；"应用地图、图表、图片"组织学生对附近的历史古迹作考查旅行等；增添历史课程的设备，主要指收纳文物、模型、图片等；"学校当特辟历史陈列室或教室"，历史教学设备可以在室内收藏或陈列，"不仅教学时可资说明，平时亦可供学生观摩"。这些内容对我们今天仍有一定的参考价值。当然，这一时期的历史课程标准虽然有不少关于这方面的内容，但是总体而言，历史学科课程资源的开发与利用还没有成为历史教育界的共识，实际收效并不大。

新中国成立后，教育部颁发了《小学历史课程标准（草案）》，其中也有一些有关课程资源的说明。如要求在教材之外"另编儿童用的历史丛书作历史补充读本"，历史教学要"参照历史地图、年代表、绘制图表，或参观历史博物馆、文物古迹等，或旅行、模型、实地调查研究，或利用电影、幻灯、戏剧帮助观察验证"；各种教具、图表尽可能动员教师和学生共同搜集材料，自制或借用实物，除必须购置的以外。此后几十年，我国颁布了十几套中小学历史教学大纲，但是较少阐述课程资源问题，通常仅在大纲的"说明"或"教学中应注意的几点"等部分一笔带过。

2. 其他一些国家历史课程资源的开发

20世纪90年代以来，世界性的课程、教学改革风起云涌。美国颁布的《全国历史教学标准》提出，中小学历史教学要注意引用包括档案、口述资料、历史文物、艺术文物、音乐、照片、历史遗迹和电影等多种类型的课程资源。同时期，英国也颁布了《历史学科国家标准》，强调历史教学要引导学生运用各种信息资源，包括运用档案、印刷品、绘画、照片、电影、音乐与歌谣、建筑物及其遗迹等。近年，德国的历史教学除了大量运用图片、图表、地图外，还将历史音像资料以及大量的历史文献作为历史课程资源运用在历史教学中，并取得了良好的效果。但对其研究的深入程度及运用的自觉性都有必要进一步加强，尤其在当前新一轮课程改革不断推进的情况下，重视历史课程资源的开发与利用将是全面实现历史课程标准的重要保障。

纵观国外，一些国家的历史教育从人本主义、自然主义或者建构主义教育观出发，在历史教育中非常重视各种资源的开发和利用。德国历史教师经常让学生参观当地的博物馆、教堂，进行实地调查，启发学生进行独立思考。如学习关于"僧侣的生活方式"时，就让学生调查家乡附近的修道院，了解僧侣在开垦荒地、排水灌溉、种植水果、教学和艺术方面的贡献。总之，国外历史教学十分重视课程资源，而且随着历史研究和教学的范围不断扩展，课程资源的结构也呈现多元化以及面向生活、面向社会、充满个性化设计等特点，这些都是值得我们借鉴的。

3. 总体概况

从总体上看，过去我们对历史课程资源的认识存在不少误区。比如，简单地将历史教科书及历史挂图等直观材料理解为就是课程资源的全部，忽略了课程资源的多样性；偏重于严肃的历史学科知识资源，忽略了乡土和社区资源，如历史见证人、家谱、老照片、民谣等；学生在课程资源开发中的作用没有得到应有的发挥，等等。

历史课程资源的开发与利用是保证课程资源实施、目标实现的基本条件，应该而且必须受到重视。从世界的角度看，凡是教育水平高的国家和地区，其课程资源的开发和利用程度也很高。在我国，课程资源长期以来被简单地理解为教材，一提到开发和利用课程资源就想到修订教材、编写教学参考书，而没有考虑其他可以利用的课程资源。这种僵化观点的长期存在是导致我国课程资源开发与利用落后于世界先进水平的重要原因之一。

　　长期以来，除了把教材当作唯一的课程资源以外，我们在课程资源的开发主体、实施空间、资源内容等方面也有很多欠缺。从课程资源的开发主体看，主要是依靠少数的学科专家，并没有将广大的一线教师调动起来；从课程资源实施的空间看，仅仅将教学局限于课堂，使课堂成为利用课程资源最重要的载体，我们的学校教育中普遍缺少相应的专门教室、参观考察场所等，这样不利于学生的研究性学习、社会实践、综合能力的培养；从课程资源的内容看，我们往往偏重于知识特别是学科知识的开发，忽视对学生能力、素质的培养，教材结构单一，相应学科知识的新发展和各学科知识间的融合没有得到足够的重视，课程内容往往远离学生的生活经验，不利于学生的发展。

第二节　历史课程资源的特点和分类

一、历史课程资源的特点

1. 历史课程资源最重要的特点是形式的多样性和内容的丰富性

课程资源涉及学生学习与生活环境中一切有利于达成课程目标的资源，弥散于学校内外的方方面面。不同的地域可供开发与利用的课程资源也不同，其构成形式和表现形态各异；不同的文化背景下，人们的价值观念、道德意识、风俗习惯、宗教信仰等具有独特性，相应的课程资源各具特色；学校性质、规模、位置、传统以及教师素质和办学水平的不同，学校和教师可以开发与利用的课程资源自然有差异；学生个体的家庭背景、智力水平、生活经历的不同，可供开发与利用的课程资源必然会有所区别。

2. 历史课程资源的另一个特点是价值的潜在性

多种多样的课程资源为学科和教师因地制宜地开发与利用提供了广阔的空间。尽管如此，我们应该注意的是，只有那些真正进入课程、与教育教学活动联系起来的资源才是现实的课程资源。从这种意义上看，一切可能的课程资源都具有价值潜在性的特点，同一资源对于不同课程具有不同的用途和价值。例如，动植物资源可以成为学生学习生物学知识的资源，也可以成为学习环境学、生态学知识的资源，还可以成为学生调查、统计的资源。再如，学校附近的山既可以用于体育课程中的体育锻炼，也可以用于劳动技术教育中的植树绿化；既可以在艺术教育中陶冶学生的情操，也可以在生物课中用来调查动植物的种类。课程资源这一特点要求教师独具慧眼，从实际需要出发，挖掘课程资源的多种利用价值。

二、历史课程资源的分类

1. 分类的复杂性

分类的复杂性也是历史课程资源的特点之一。既然历史课程资源具有广泛多样的特点，为了更好地认识历史课程资源，我们需要对它进行一定的分类。根据不同的标准，历史课程资源可以分成不同的种类，这些种类往往相互交叉、相互渗透。

目前，我们一般是将历史课程资源分成三部分，一是校内的课程资源，如教师、学生、教材、实验室、图书馆以及各种教学实践基地；二是校外的课程资源，包括图书馆、博物馆、展览馆、科技馆、工厂、农村、部队等广泛的社会资源和丰富的自然资源；三是信息化课程资源，如校内信息技术的开发利用、网络技术、远程教育等。这其中的每一部分都包括人力的资源和物化的资源。

2. 基于教学实践的分类

基于我们对教学实践的总结和反思，基于教育教学可操作性层面，我们认为可以对中学历史学科的课程资源做如下的分类：

中学历史学科的课程资源

序号	类别	内容举例	主要特点
1	基于书籍——文本的历史课程资源	教科书、教辅资料、试题	系统性
2	基于声像——图画的历史课程资源	音乐、影像、图片	情境性
3	基于空间——实物的历史课程资源	历史遗址、博物馆、文物	真实性
4	基于时间——事件的历史课程资源	纪念日、纪念活动、史上今日回顾	感染性
5	基于回忆——口述的历史课程资源	身边的人讲述亲历的历史	交互性

以上分类为我们在教学实践中运用不同类型的课程资源提供了基本思路和方向引导，也为我们在浩如烟海的资源库中提取课程资源指明了思路。

例如我们开发基于"时间——事件"的历史课程资源，可以让节日文化的内涵得到深刻地挖掘。

以下为《清明节由来》专题教学利用的课程资源：

清明节的由来

清明是我国的二十四节气之一，一般在每年的阳历4月5日左右，正是农民们春耕春种的大好时节。清明作为节日，与纯粹的节气又有所不同。二十四节气是我国物候变化、时令顺序的标志，而节日则包含着一定的风俗活动和某种纪念意义。我国传统的清明节大约始于周代，距今已有2500多年的历史。清明前一天为"寒食节"。据史籍记载，春秋时期，晋国公子重耳为躲避祸乱而流亡他国长达19年，大臣介子推始终追随左右、不离不弃，甚至"割股啖君"。重耳励精图治，成为一代名君"晋文公"。但介子推不求利禄，与母亲归隐绵山，晋文公为了迫其出山相见而下令放火烧山，介子推坚决不出山，最终被火焚而死。晋文公感念忠臣之志，将其葬于绵山，修祠立庙，并下令在介子推死难之日禁火寒食，以寄哀思，这就是"寒食节"的由来。

渐渐地，寒食与清明就合二为一了，而寒食也成为清明时节的一个习俗：清明之日不能动烟火，只吃凉的食品。

清明节是祭祖和扫墓的日子，是悼念逝者、寄托哀思、缅怀先人的传统节日。每年清明，各家各户都要祭奠自己已经故去的祖先，人民群众也都举行不同形式的纪念活动，深情缅怀为维护国家尊严、争取民族独立、国家繁荣昌盛和人民自由幸福而英勇献身的无数英烈。

传说中，人们选在清明扫墓可能还有其他的原因。因为冬去春来，草木萌生，于是人们想起了先人的坟墓是否有狐狸、兔子在穿穴打洞，会不会因为雨季降临而塌陷，所以要亲自察看。一方面给坟墓添土除草，一方面贡上祭品举行简单的祭祀仪式，以表示对死者的怀念。清明寒食的传说和传统与纪念屈原投江的端午节一样，表现了炎黄子孙崇敬先人、懂得感恩的民族心态。

以上案例中，课程资源的利用贴近社会生活，追寻文化足迹，在了解节日文化的过程中，熏陶了学生的人文情感和家国情怀。

第三节　历史课程资源开发利用的价值和作用

一、从历史教育的特点看历史课程资源的价值

1. 历史叙述不可重复

历史课程所叙述的都是过去发生的社会现象。它和自然现象不同，具有一度性，即不可重复性。灰飞烟灭的往事再也不会在我们的现实世界中重现。只有借助于调用一定的历史课程资源，我们才能营造情景，形成直观感受，增强学生的历史感，进而通过对历史材料的分析，在具体的历史问题上形成正确的认识。

2. 历史的多样性是事物多样性的最佳写照

历史事物在不同时代、地域、群体、文化的差异，显现得无限多样。就像世界上没有完全相同的两片树叶，历史的多样性使历史更加生动和多姿多彩。我们要针对多样性的历史进行课程教学，如果没有足够的课程资源作为保障，教学将会出现"贫血"现象，不可能丰富和生动。

3. 高中历史课程涉及的内容非常丰富

由于社会文化的原因，学生在学习历史课程之前和学习过程当中普遍存在一种对历史事物的"前认知"。这种"前认知"有的来自启蒙教育阶段的一些神话传说，有的来自文学作品中的形象描绘，有的来自影视作品的直观再现，有的则来自自我对于人文知识的主观性加工，但这其实都不是历史本身。为了让历史教学尽量回归真实，我们必须以翔实的历史课程资源来回应一些非真实的认识。

二、开发和利用历史课程资源在历史教学中的作用

1. 有利于激发学生学习历史的兴趣

学生对历史课普遍缺乏兴趣的情况仍然存在。据教育部对北京市学生的调

查显示，在学生对"最不愿学的课"的排序中，历史课居然位居前列。本来应该很有趣的历史课为何受到学生如此的冷落？原因固然有很多种因素，如教学方法的滞后、教师教学水平的局限、考试评价的制约等，但是这种状况与历史课程资源极其单调乏味的状况也有很大关系。

　　历史学科所具有的独特性质，使其拥有极其丰富的课程资源。但是长期以来，历史课被看成"死记硬背"的课，因此对它兴趣不大。按新课程的理念，历史教科书仅是一种主要的课程资源，历史教学还应该运用大量教科书之外的课程资源，包括文字资料、口述历史资料、影视资料、历史文物、历史遗址遗迹等。这些课程资源以其形象具体、生动活泼和学生能够亲自参与等特点，给予学生多方面的信息刺激，加之其中许多内容贴近学生、贴近生活、贴近社会，丰富了历史课的内容和情趣，使学生能够在轻松高雅的学习活动中掌握知识。生动丰富的历史课程资源无疑将会极大地激发学生学习历史的兴趣，这是传统单一的课程资源所无法比拟的。

　　在中学历史"经济体制改革"的教学中，我们充分开展口述历史教学，组织学生课前与长辈进行对话，在采访中获得了计划经济时代的相关信息，并就相关内容在课堂教学上分享、解读和研讨，使学生对经济体制的必要性有了充分的理解和认识。课程资源的充分应用，使原本可能比较枯燥的一节课变得生动起来。

学生课前与长辈的对话

2. 有利于学生积极参与到历史教学活动中来

　　现代教育学理论认为，学习过程是学生在教师指导下获得经验或体验的过程。当前，我们一再倡导要尊重并提升学生的主体性。而培养学生的主体性，使学生的个性得到张扬，就必须引导学生积极参与教学活动。传统的历史教学模式比较偏重"注入式"讲授，学生被动接受知识。虽然偶尔也有一些课堂上的师生互动，如讨论、问答等，但是由于作为课程支柱的课程资源本身比较单一，历史教师只需讲清教科书上的现成结论，历史学习也成为只是背诵一些历史事实的机械训练。因此，学生参与教学活动的空间是非常有限的。然而，历史教科书其实只是给学生提供了一种历史知识的框架，并非是历史本身，也不应该是学生学习历史的唯一对象。历史教学的最终目标是要发展学生的历史意识，即培养学生对历史进行理性思考，进行选择和解释，并在心目中重建历史的能力。历史知识的特性决定了历史教师尤其要注意引导学生不要囿于教科书的知识结构和结论，还应学会广泛搜集利用其他有用的课程资源。由于历史学科课程资源具有范围广、数量大的显著特点，无论从发挥学生主体性的角度还是从开发课程资源的角度，教师需要学生积极参与进来，使他们逐步学会主动地、创造性地利用一切可用的课程资源，为自身的历史学习和探索服务。可见，只有加强历史学科课程资源的开发利用，历史教学过程才能更多地成为学生参与活动的过程，学生也才能真正成为历史学习的主人。

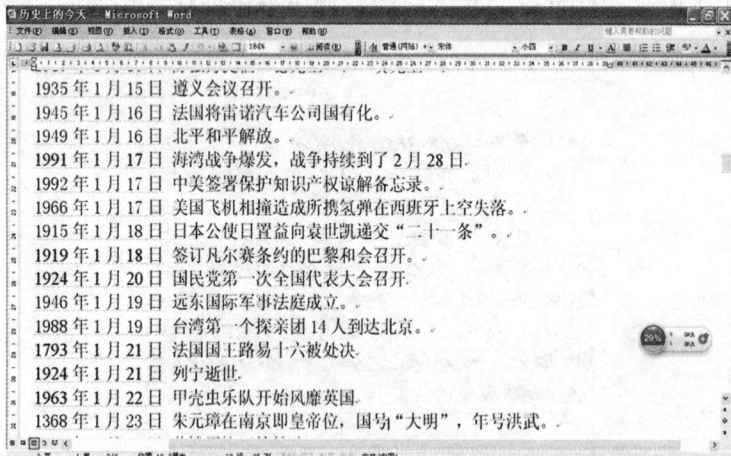

课前三分钟学生演讲"史上今日"的一些专题

例如，高中学生已经具有较强的自主学习能力，针对高二有一定学习基础的学生，把课程资源的开发权部分地交给学生。我们开发基于"时间——事件"的历史课程资源，安排学生进行课前3分钟的"史上今日"演讲。演讲的内容由教师根据高中历史课程的关联性预先设定，然后发给学生。学生选定主题，提前做好演讲准备，在"史上今日"的纪念日，图文并茂地宣讲相关的史事，发表自己的评论，锻炼资料整理能力、历史思维能力和口头表达能力，学科素养得到有效提高。

3. 有利于学生进行"探究式"学习

新课程更多地强调培养学生的"探究式"学习态度和方法。"探究式"学习是学生在教师指导下自主地发现问题、探究问题以获得结论的学习方法。探究不仅是追求一个结论，更是一种经历、体验。现在，我国不少地方开展的"探究式"学习是培养学生创新精神和实践能力的一种重要形式。近年来，英国在历史教学理论方面最重要的一项变革就是认识到"历史学科的中心在于发展学生对于历史探究的方法或过程的理解"，学生不应只学习过去实际发生了怎样的"事实性"知识，更重要的是要学习"历史这样发生的原因是什么"的程序性知识和培养"历史将要怎样发展"的思维能力和价值判断。

按照以上的观点，历史"探究式"教学应当成为越来越多的历史教师注重指导学生运用各种材料去认识真正的历史的过程。因此，英国历史教育界同行认为，只有运用各种课程资源的实际经验，才能真正掌握探究历史的方式与方法。英国的历史教学改革理念对我们是有启发的。新颁布的《全日制义务教育历史课程标准（实验稿）》中，重视将课程资源的开发与利用和培养学生的"探究式"学习相结合，重视给学生提供足够的问题解决、课题研究和社会调查的机会。尽管学生搜集和处理课程资源的能力还很有限，学生课题研究和问题解决的水平与真正的史学研究也有相当的距离，但是它却能使学生体验发现学习的过程和获得主动探索的"经历"，并有助于学生逐步养成独立思考和"探究式"的学习方法。

所以，为了引导和支持学生以"探究式"的学习方法开始历史的学习，历史课程资源的开发和利用显得尤其重要，这是一个基础性和关键性的资源支持。没有这个支持，"探究性"学习活动则成了无源之水。

4. 有利于教师构建各种类型的课程体系

历史新课程突出体现了发展性的精神。所谓发展性，即尊重学生的个性和特长的发展，为学生进一步学习打好基础，为不同程度的学生的学业发展留下较大的空间。我国历史新课程标准为此采取的是"保底不封顶"的策略，允许历史教学可以适当拓宽知识范围，而许多历史课程资源长期处于闲置状态，有待历史教师去搜寻和整理。

中学历史课程分为国家课程、地方课程和校本课程三个层次，今后历史教师也将要经常参与地方课程，尤其是校本课程的开发和建设。无论是国家课程的创造性实施，还是地方课程和校本课程的建设，都应充分发挥本土资源优势，为促进学生的个性化发展服务。可以毫不夸张地说，现在的历史学科教学对课程资源的需求比以往任何时候都更强烈了。

总而言之，课程资源的开发将极大地拓展历史教育的内容，促进学生的全面发展，直接导致教育方法的变革。新的课程资源的引入会带动教育手段、教育学组织形式等方面的变革。课程资源的丰富，特别是新兴课程资源会有利于推动现行的教育模式的改革，学生的主体性会极大地提高，学生实践能力、学习兴趣、创新能力等将有全新的发展。

第四节　历史课程资源开发与利用的原则

原则规范着人们的行为，是正确行动的根据、尺度和准则。历史课程资源开发与利用不是随意而行的，同样需要一定的原则来规范。基于历史课程资源的基本特点和多样的类型，我们认为历史课程资源的开发与利用应遵循如下一些原则：

一、开放性原则

要以开放的心态对待人类创造的一切文明成果，尽可能开发与利用有益于教育教学活动的课程资源。课程资源开发与利用的开放性包括形式的开放性、空间的开放性和途径的开放性。形式的开放性是指不论以什么形式存在的课程资源，只要有利于提高教育教学质量和效果，都应是开发与利用的对象；空间的开放性是指不论是校内的还是校外的、城市的还是农村的、中国的还是外国的，只要有利于提高教育教学效率，都应加以开发与利用；途径的开放性是指课程资源的开发与利用不应局限于某一种途径或方式，而应探索多种途径或方式，并且能够尽可能地协调配合使用。

二、经济性原则

历史课程资源的开发与利用，应该尽可能用最少的开支和精力达到最理想的效果，具体包括开支的经济性、时间的经济性、空间的经济性。开支的经济性是指用最节省的经费开支取得最佳效果，尽可能开发与利用那些不需要多少经费开支的课程资源；时间的经济性是指尽可能开发与利用那些对当前教育教学有现实意义的课程资源，而不能一味等待更好的条件或时机，否则就会影响课程的实施；空间的经济性是指课程资源的开发与利用要尽可能地就地取材，不应舍近求远、好高骛远，校内有的不求诸于校外，本地有的不求诸于外地。

三、差异性原则

历史课程资源多种多样，相对于不同的地区、学校、教师，可供开发与利用的课程资源具有极大的差异性。因此，课程资源的开发与利用不应强求一律，而应从实际出发，发挥地域优势，强化学校特色，展示教师风格，扬长避短，突出个性。课程资源的开发与利用本身就是一项极具创造性的实践活动，没有个性，失去了创造性，课程资源开发与利用就会流于机械主义和形式主义。

2

第二章

历史课程资源本土化

历史离我们很遥远，但本土历史课程资源离我们很近。

第一节　身边的历史课程资源

　　本土历史课程资源是指学生就读学校所在地区的历史课程资源的总和。《普通高中历史课程标准（实验）》强调，鼓励和提倡不同地区和学校结合自己的实际情况，因地制宜地利用和开发历史课程资源。《普通高中历史课程标准（2017年版）》指出："校外的社会资源是校内课程资源的必要补充。"本土历史课程资源应该是"校外的社会资源"的重要内容和最有利用价值的部分。

　　每一个地区都具有独特的历史课程资源，都有各自的课程资源优势。无论古代历史、近代历史、现代历史，无论是政治领域、经济领域、思想文化领域，无论是人文荟萃的都市、自然质朴的乡村、历史悠远的边关，历史课程资源总是无远弗届，分布在社会的每一个角落。

　　2015年夏天，我有幸访学随州，与当地的中学历史教师面对面交流。我问他们随州城区有哪些历史遗迹，他们以口头或者书面的形式告诉了我以下这些信息：

　　随州城自战国晚期楚置随县以来，已有近2300年的历史，如加上曾国（随国）在此建都城，年代上溯更远。自秦汉以后，随州先后设置郡、州、县，建制虽不一，但"随"地名一直未改，这在全国也是少有的。

　　古老的随州城由于受战争的破坏，加之解放初期干部的文物意识不强，以及城市扩建的需要，古迹保留下来的已不很多，现保留下来的古地名有玉石街、乌龙巷、十字街、南关、聚奎门、小东关、玉波街、小西关、北关等。现存的古代遗迹最远的可追溯到宋朝，城区尚存的遗迹有古城墙及护城河、岁丰桥、文峰塔、擂鼓墩古墓群、舜井及舜井碑、汉东古街、智门寺遗址、夜光池、飞来土、天主教堂、雪公堂等。

　　当我在交流的最后一天将以上资料汇总梳理后和教师们再次分享时，他们都感叹，原来身边有这么多的课程资源和教学素材，大有"当局者迷"的感觉。这些课程资源就在居所的旁边或者学校的附近，却往往被忽略。

第二节　本土历史课程资源的价值

一、身边的历史激发学生学习的兴趣和教师教学的激情

意大利历史学家克罗齐在《作为思想和行动的历史》中指出："史家对历史的兴趣，永远与他对当前生活的兴趣联系在一起。"同样的道理，本土历史课程资源反映的是教学者和学习者身边的历史，与他当前生活的联系是最紧密的。开发和利用本土课程资源当然是激发学生学习的兴趣和教师教学激情的有效方式。

例如在学习岳麓书社版高中历史必修一《辛亥革命》时，我们利用深圳本土的东部华侨城和三洲田两地作为导入，开展探究活动：

同学们，你们知道深圳东部华侨城吗？这个地方地处三洲田，近代历史上曾经发生过重大事件。

1895年兴中会筹备广州起义，但未来得及打响枪声即告夭折，孙中山流亡海外。1897年，孙中山在日本开始筹划第二次武装起义，地点就选在三洲田。三洲田现位于深圳东北，当时属于惠州管辖。三洲田背山面海，靠近大鹏湾畔，从海路可经大鹏湾通往香港，陆路则与宝安、惠州相连接。因各种原因，孙中山未能直接指挥起义，于是他任命友人郑士良为革命军司令。1900年10月6日，2000余名起义军在三洲田附近的马栏头祭旗起义，攻打沙湾，首战告捷。接着四战四捷，起义队伍迅速发展到20 000多人，开始挥师东进。后由于起义军枪支弹药无法补给，孙中山电告起义军自决进止。郑士良决定起义军大部分就地解散，留下精锐千余人，回师三洲田，拟联合新安、虎门义师围攻广州。终因弹尽援绝，被迫于11月7日解散队伍。第二次武装起义历时32天，以失败告终。孙中山后来指出："惟庚子失败（即三洲田起义）之后，知国人之迷梦已有渐醒之兆，有志之士多起救国之思，而革命风潮自此萌芽矣。"

思考一：孙中山筹划第二次武装起义，为什么选择三洲田这个地方？

思考二：有学者称，三洲田起义虽然失败了，实则是打响了推翻封建帝制的第一枪。该学者提出这一观点的理由是什么？

参考答案：

思考一：三洲田的地理位置优越，退可守；靠近香港，本地人民较早受西方思想的影响，革命有群众基础。

思考二：因为这是资产阶级革命团体兴中会成立以来首次正式开始的武装起义，旨在推翻清政府统治，唤醒了国人的革命精神，影响较大。

二、本土历史课程资源非常有利于提高学生的人文素养

本土历史课程资源具有丰富多彩、鲜活生动、亲切自然等特点，能够增强学生直观的历史感受，陶冶学生的人文情怀，提高学生的人文素养。

上海江宁学校是上海市普陀区的一所优秀学校，学校所处区域有着丰富的课程资源。学校对本土及相关的课程资源进行了系统地梳理，其中历史人文类的资源汇总如下：

历史人文类的资源

资源名称	资源地址	可开发的课程内容示例
苏州河国际龙舟赛	苏州河（江宁路桥——宜昌路桥）	端午节的风俗：体育划船项目
长寿街道京剧队	长寿社区活动中心	走进京剧脸谱
孙中山故居	香山路7号	孙中山先生在上海
江南丝绸馆	澳门路289号	中国丝绸的魅力
豫园城隍庙	黄浦区安仁街132号	上海城厢的历史溯源
苏州河展示馆	梦清园内	苏州河的历史变迁、苏州河畔看变迁
玉佛寺	江宁路999号	宗教文化探源
长寿溯源浮雕	宜昌路长寿社区	爱祖国、爱家乡的民族精神
顾正红纪念馆	澳门路300号	沿着英雄的足迹前进
南京大屠杀纪念馆	南京市建邺区水西门大街418号	爱国主义教育
南京中山陵	南京市玄武区石象路7号	孙中山先生的生平
南京夫子庙	南京市秦淮区贡院西街53号	南京城厢的历史溯源

诸如此类对本土课程资源的开发与利用，有助于找到历史教学融入社会的

切入点，打破学校与社区的隔阂，增强历史教学的开放性、选择性、灵活性和时代性，提高学生人文素养。

三、本土历史课程资源让历史知识变得更容易记忆和理解

本土课程资源就在学生的身边，学生对此有一定的认识基础，有些还与学生的日常生活密切相关，并且具有地方特色。如果将这些本土课程资源利用到历史教学中去，学生对相关内容的记忆和理解就会相对容易一些。

法国民歌中有1首儿歌，原名叫《雅克兄弟》。近代以来，《雅克兄弟》的旋律在广东珠三角地区流行，有了民间版本："打开蚊帐，打开蚊帐，有只蚊，有只蚊，快点拿把扇来，快点拿所扇来，拨走它！拨走它！"

国民革命时期，《雅克兄弟》的旋律用于国民革命军军歌，歌词如下："打倒列强，打倒列强，除军阀！除军阀！努力国民革命，努力国民革命，齐奋斗！齐奋斗！"

土地革命时期，《雅克兄弟》又有了新的版本："打倒土豪，打倒土豪，分田地！分田地！我们要做主人，我们要做主人，真欢喜！真欢喜！"

歌曲《雅克兄弟》在中国的流行和改编折射出中国近代历史的一些重大现象：西风东渐、国民革命、土地革命。将这些歌曲穿插到历史教学中，通过对它所衍生的歌词的解读，学生对歌词所对应的时代特点应该有了更具体而生动地理解。

四、本土历史课程资源促进家国情怀培养

家国情怀是学习和探究历史应具有的人文追求，体现了对国家富强、人民幸福的理想追求，以及对国家的高度认同感、归属感、责任感和使命感。

对国家的认同感和归属感是以对家乡的认同和归属为基础的。教学中有选择地引入本土历史课程资源，可以调动学生对家乡的情感认同，引导他们设身处地地学习历史、理解历史，让历史的时空与生活的时空相贯通。

北新泾是上海市长宁区的一个地名，上海市著名的延安中学就位于这个地域。上海市延安中学的施洪昌老师（特级教师）在执教《"向明而治"——日本现代化的启航》时，本着"叙史见人论史，求通学史重法"的教学理念，在课堂教学的导入环节开门见山地展开了1500年以来世界历史的宏观叙事：

　　"1487年，从葡萄牙船长沿非洲海岸摸索前进开始，1517年马丁·路德面对教皇组织的围剿慷慨陈词，1688年'光荣革命'开启英式民主化模式，1782年瓦特改进蒸汽机。70年后，中国大地的内战（太平天国运动）在血染北新泾时，日本的江户与京都（东京湾）又发生哪些别样的故事呢？当中国近代政治精英们在思考中国的未来时，日本的武士们又如何追寻着日本的未来呢？"

　　"今天，我们走进日本，着重探究日本的现代化之路：'向明而治'——日本现代化的启航。"

　　在课堂导入中，施老师讲到了太平天国运动期间北新泾的战斗，身边的历史激发了学生的学习兴趣，体会到"历史就在我们身边"的震撼，也让历史的时空纵贯相通、经纬成网。

第三节 本土历史课程资源开发利用的原则

一、生活化原则

中学历史新课程增加了思想文化史和社会生活史的内容，但总的来说，新教材本身的"生活气息"还不够浓。因此，我们需要尽可能开发那些与个体、与社会生活有紧密联系的课程资源，努力发掘历史本土课程资源的价值。

在深圳福田区华强北附近有3条并列东西向的路，从北到南依次称为振兴路、振华路、振中路。结合我们今天所学的知识，请大家探究这3条路名的含义和渊源。

参考答案：1894年11月，孙中山在檀香山联合华侨成立了兴中会，宗旨是"振兴中华"，深圳这3条路名包含了兴中会宗旨。深圳是改革开放的试验田，也是排头兵。改革开放初期命名的这几条路，也体现了当时中国人、深圳人发奋图强、改革开放、推动特区建设、"振兴中华"、追求国家富强的强烈愿望和爱国情怀。

二、特色性原则

历史课程乡土资源具有很强的地域性特点，因为各地历史课程乡土资源在种类、存在状态和结构上都有很大的差异。因此，历史课程乡土资源的开发利用要因地制宜，从具体实际出发，发挥地域优势，强化学校特色，展示教师风格。

招商局创立于1872年晚清洋务运动时期，140余年来，曾组建了中国近代第一支商船队，开办了中国第一家银行、第一家保险公司、第一家电报局，修建了中国第一条铁路等，开创了中国近代民族航运业和其他许多近代经济领域，在中国近现代经济史和社会发展史上具有重要地位。1978年，招商局独资开发了在海内外产生广泛影响的中国第一个对外开放的工业区——蛇口工业区，并相继创办了中国第一家商业股份制银行——招商银行、中国第一家企业股份制保险公司——平安保险公司等，为中国改革开放事业的探索提供了有益的经验。

招商局企业标志

上海轮船招商局旧址

招商企业在深圳留下了深刻的印记，无论是航运物流业、金融业，还是房地产领域。深圳市龙城高级中学校门口有个招商地产开发的住宅项目，名为招商——依山郡，龙城高级中学的学生上学和放学都要从此地经过。有一次，住宅项目的外围打出了"庆祝招商创业140周年"的横幅。那段时间，我们教学岳麓版高中历史必修二第二单元第10课《近代中国社会经济结构的变动》时，就从这一横幅开始导入，深入探究洋务运动的成果及其对中国民族资本主义的催生作用。学生对于身边历史事物的兴趣，能激发他们的探究精神和思维动机，课堂教学取得很好的效果。

三、可操作性原则

本土的历史课程资源虽然非常广泛，并且一般就在我们的身边，但我们在利用这些课程资源时同样要兼顾可操作性原则。可操作性是指事情或项目在具体实施前及过程中的组织管理程序、方法在运用起来是否好用、是否流畅，以至于最后能够实施下去。由此，我们应当考虑到：我们利用的本土课程资源是否能高效地植入到教学中？学生的接受和理解程度如何？在利用过程中是否有过多的认知障碍？在此基础上，我们再决定是否利用这些课程资源。

为了达成本土历史课程资源的可操作性，教师在开发利用乡土资源时，应当根据课程教学目标和学生特点选择合适的乡土资源内容。历史课程乡土资源开发利用的深度、广度、难度，要根据学生身心发展的顺序性、阶段性的特征，不能把用来支持历史教学的历史课程乡土资源变成学生学习历史的新负担。具体来说，就是要从学生的现状开发乡土资源，从师资的条件开发乡土资源，从学校的特色开发乡土资源，从社会的需要开发乡土资源。

3

第 三 章

深圳本土课程资源在中学历史教学中的应用

人人都是他自己的历史学家。——美国历史学家卡尔·贝克尔

第一节　开发应用的现状

一、开发利用现状

深圳是一座年轻的移民城市，其城市历史还不到40年。深圳的发展是人类历史上城市化的奇迹。为了了解深圳本土历史课程资源的开发利用状况，理解在深圳进行本土课程资源开发和研究的必要性，深圳市黄斌胜名师工作室的肖学老师在2017年底进行了《深圳本土历史课程资源利用状况调查》。通过解读调查得出的数据，我们形成了一些认识。

（一）大部分中学生对深圳本土历史有着浓厚的兴趣

通过问卷调查与访谈了解到，现在○○后的深圳学生大多是"深二代"或"深三代"，与他们的父辈不同，他们早已把深圳当成自己的家乡。对深圳的历史文化，学生普遍具有浓厚的兴趣，迫切想了解深圳的过去及现在。

调查数据显示，当前在深圳就读的初高中学生中，约有75%的学生从幼儿园起便在深圳就读，约有22%的学生从小学起在深圳就读。也就是说，现在的初高中生从小在深圳学习生活长大的占到97%以上，其中约有64%的人认为深圳就是自己的家乡。在对深圳本土历史文化了解的兴趣上，约有24%的初高中生对深圳的本土历史文化很感兴趣，约61%初高中生对深圳本土历史文化比较感兴趣，感兴趣的比例达到了85%。

第1题　你是从什么时候开始在深圳上学的？（　　　）

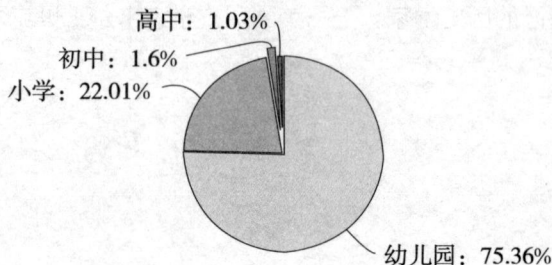

高中：1.03%
初中：1.6%
小学：22.01%
幼儿园：75.36%

学生到深圳上学时间情况调查比例图

第2题 在你心目中，深圳是你的（　　　）。

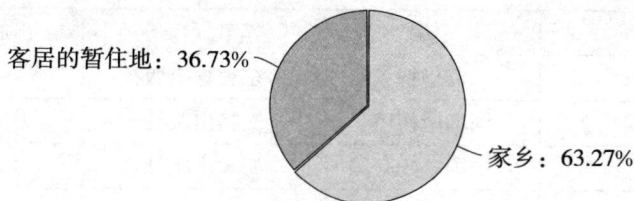

客居的暂住地：36.73%

家乡：63.27%

居住比例图

第3题 你对了解深圳本土历史文化的兴趣（　　　）。

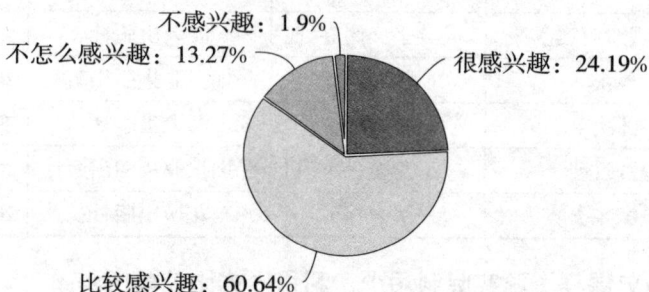

不感兴趣：1.9%

不怎么感兴趣：13.27%

很感兴趣：24.19%

比较感兴趣：60.64%

深圳本土历史文化的兴趣比例图

（二）当前深圳的本土历史课程资源开发利用还不够充分

近年来，深圳的中小学教师逐渐意识到深圳本土历史课程资源的研究和开发价值，本土历史课程资源的开发利用也呈上升的发展趋势，但开发利用的程度尚不充分，主要表现如下：

1. 目前有关深圳本土历史课程资源的研究成果偏少

历史文化是一个不断沉淀积累的过程，其开发利用不是一蹴而就的。深圳作为一座移民城市，又是国际性大都市，各种文化荟萃，本身就蕴含着丰富的本土历史课程资源。但是，快速崛起的深圳，其历史文化积累与沉淀还远不能与它的经济发展相匹配。

通过对深圳图书馆、深圳博物馆等走访调研得知，深圳的本土历史课程资源数量总体偏少。目前，可以检索到的深圳本土历史著作实在屈指可数，且大部分是近几年新近编著出版的。另外，早年出版的深圳本土史著作，如《深圳史话》等，由于本身发行量很少，加之时隔多年，市场上罕有此类的书籍售卖。

以下是可检索到的部分有关深圳历史的著作：

书名	主编	出版社	出版时间
《深圳史话》	黄华钊	广东教育出版社	1990年
《深圳考古发现与研究》	深圳博物馆	文物出版社	1994年
《大鹏所城——深港六百年》	刘中国、汪开国	海天出版社	1997年
《大鹏所城》	王雪岩、翁松龄	大鹏镇政府	1998年
《深圳记忆》	南兆旭	深圳报业集团出版社	2009年
《古代深圳—深圳博物馆基本陈列》	容达贤	文物出版社	2010年3月第1版
《深圳十大观念解读》	梁英平、谢春红	海天出版社	2012年
《深圳古代史》	陈海滨	深圳报业集团出版社	2015年1月第1版
《深圳口述史》	王穗明	海天出版社	2015年1月第1版
《深圳掌故漫谈》	彭全民	深圳报业集团出版社	2015年9月第1版
《何处是家乡》	潘惠茹	花城出版社	2016年4月第1版

2. 本土历史课程资源实际利用少，利用形式比较单一

通过对深圳部分学校的中学历史教师的访谈以及调查问卷了解到，绝大部分教师对本土课程资源进入课堂持支持的态度。但在实际的教学中，这样的想法却未得到学校以及各方面应有的重视。

在访谈中得知，大多数历史教师认为教材是不可替代的重要课程资源，虽然地方课程资源是对国家课程资源的重要补充，但是就深圳本土历史课程资源而言，除了与改革开放相关的内容以外，其他的课程资源与教材联系不够紧密，且多不具有典型性，缺少必要的使用价值。还有的教师则表示，过多使用本土课程资源，在教学中容易喧宾夺主，偏离历史教学的重难点。

第4题 对深圳本土历史课程资源进入中学历史课堂，您的态度是（　　）。

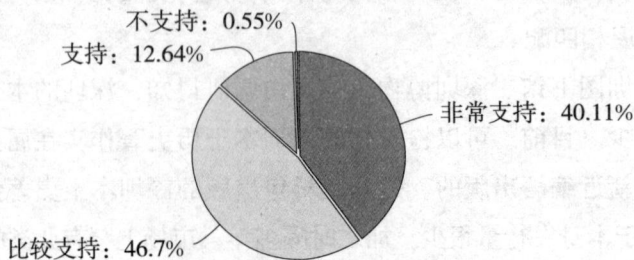

不支持：0.55%
支持：12.64%
非常支持：40.11%
比较支持：46.7%

中学历史课堂的态度比例图

第5题　在您日常教学中引入的深圳本土历史课程资源的频率（　　　）。

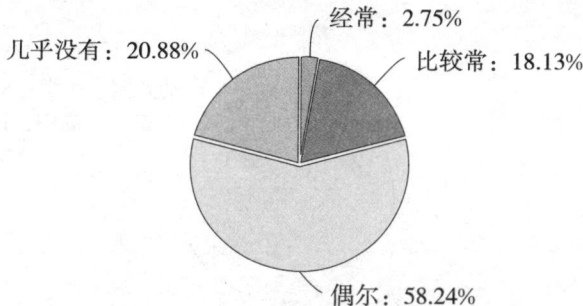

深圳本土历史课程资源的频率比例图

经常：2.75%

比较常：18.13%

几乎没有：20.88%

偶尔：58.24%

总的来说，目前深圳历史教师主动利用本土历史课程资源的意识有待加强。部分教师对深圳本土历史课程资源的实际利用较少，利用形式也比较单一，多处于浅层次的利用范畴。大多数历史教师仅在教学过程中对涉及的本土历史课程资源做简单的介绍，抑或是在上课导入时稍加引用以及在课中凭灵感随兴插入，而像为学生开设专门的专题讲座、组织实地参观考察、进行研究性学习、课堂探究等，则是少之又少。

第6题　对深圳本土历史课程资源的利用您采用过下列哪些形式？（多选）（　　　）

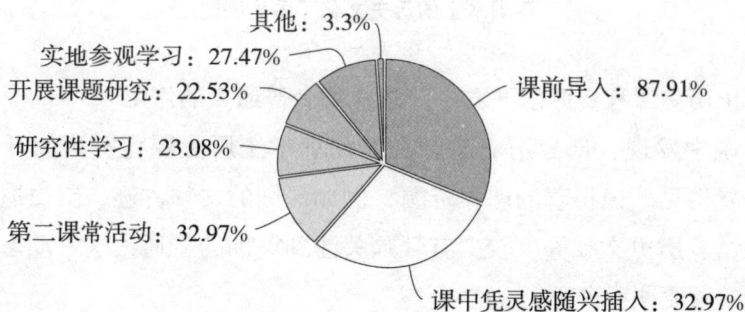

对深圳本土历史课程资源的利用比例图

其他：3.3%

实地参观学习：27.47%

开展课题研究：22.53%

研究性学习：23.08%

第二课常活动：32.97%

课前导入：87.91%

课中凭灵感随兴插入：32.97%

3. 深圳教师普遍对本土历史文化了解较少

深圳是一座年轻的移民城市。这里的教师来自天南海北、全国各地，有部分教师对深圳本土历史文化了解和关注甚少，不会有意识地选取合适的本土课程资源引入课堂教学当中。

31

第7题 您是什么时候来深圳的？（　　　）

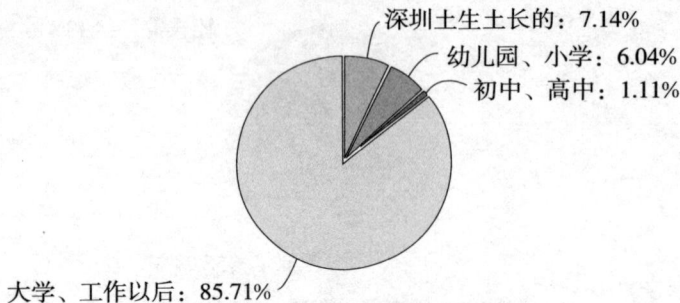

深圳土生土长的：7.14%
幼儿园、小学：6.04%
初中、高中：1.11%

大学、工作以后：85.71%

什么时候来深圳比例图

第8题 您对深圳本土的历史文化了解吗？（　　　）

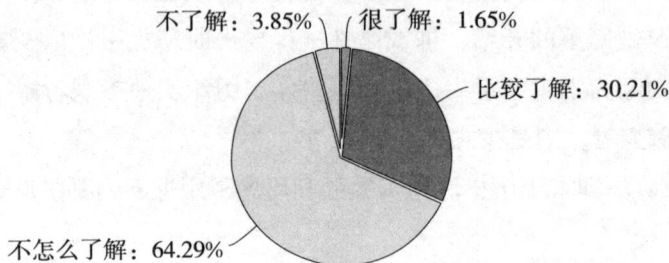

不了解：3.85%　　很了解：1.65%

比较了解：30.21%

不怎么了解：64.29%

深圳本土的历史文化了解比例图

4. 本土历史课程资源的开发中，忽视每个普通人的作用

在访谈中发现，部分历史教师在对深圳本土历史课程资源的开发上，只关注那些看得见、摸得着的课程资源，例如深圳的文物古迹、历史遗址、博物馆、展览馆、历史文献等，较少有教师关注到深圳的普通人这一动态的、具有智慧生命的重要课程资源。

事实上，"人"才是课程资源的最核心因素，尤其像深圳这样的移民城市，深入挖掘"人"，特别是平凡人的经历和故事，具有极高的价值。

深圳其实也是如此。改革开放掀起的移民潮，一方面使得深圳文化更加多元化；另一方面则使各种文化交流碰撞，逐渐形成新深圳独有的历史和文化，而且这部分"历史文化"是正在生成的、动态的历史课程资源。因此，学生、家长、社区人士等都可以说是重要的历史课程资源，其父辈、祖辈来深圳奋斗的历史，就是与深圳一起成长的历史。每个人都是深圳历史的见证者与创造者。

（三）深圳本土历史课程资源开发利用不足的原因调研

导致深圳本土历史课程资源开发利用不充分有诸多的原因，通过对师生访谈及调查分析，可以归纳梳理出三个方面的原因。

1. 认为深圳现存本土历史课程资源不够丰富，利用不方便

本土课程资源具有"潜在性"的特征，它一般不是以完整的形态等待教师的利用，而是要经过课程实施主体自觉能动地加以赋值、开发，才能转化成现实的课程成分和相关条件。

目前，深圳本土历史课程资源开发相较于内地一些城市而言还很不充分，现存的课程资源数量还比较少，而且没有建立共享的课程资源库。因此，在日常教学中，教师要找到合适的课程资源应用于课堂，通常需要花费比较多时间和精力去收集、整理和加工，这就导致中学教师对本土课程资源的利用意愿比较低。

以下的调查数据显示，教师们在日常教学中储备的深圳本土课程资源很少，有将近69%的教师较少在备课中有意地收集深圳本土历史课程资源，即便有收集，将近90%的深圳历史教师仅仅是将重心集中在改革开放后的相关历史。

第9题　在您储备的备课资料中，您收集到的深圳本土历史课程资源（　　　）。

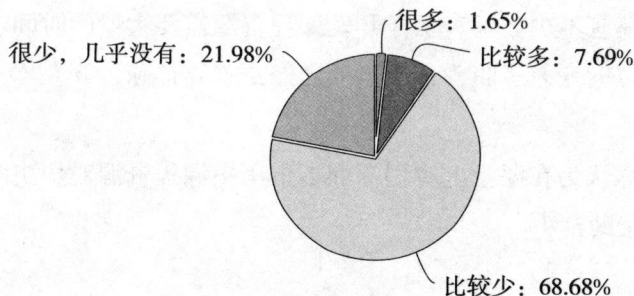

很多：1.65%
比较多：7.69%
很少，几乎没有：21.98%
比较少：68.68%

深圳本土历史课程资源比例图

第10题　在您已收集到的深圳本土历史课程资源中，主要集中在哪个历史时段？（　　　）

古代深圳：1.65%

近代深圳：4.95%

改革开放前的深圳：4.95%

改革开放后的深圳：88.45%

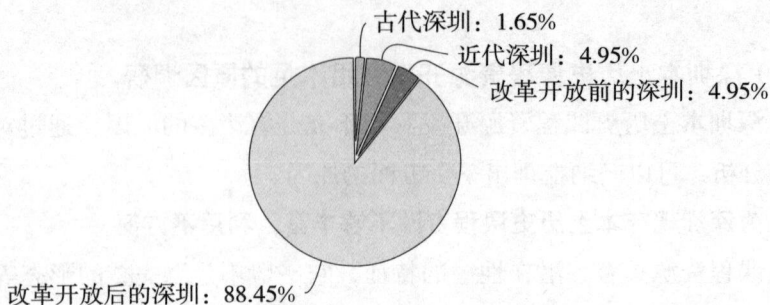

深圳各个历史段所占比例图

2. 现有的教学评价机制限制了本土历史课程资源的开发利用

深圳本土历史课程资源长期没有得到有效地开发利用，很重要的一个原因是现有的教学评价机制不利于调动师生们的积极性。

在与学生的调查访谈中，不少学生尤其是毕业年级学生反映，深圳本土历史课程资源对考试，特别是在中、高考的成绩提升作用甚微。而平时学习时间紧张，学业压力较大，与其耗费大量时间和精力学习本土历史课程，不如牢牢把握考试的重点和高频考点。毕竟对于很多学生来说，取得考试的高分才是重中之重。

而在与教师的调查访谈中，很多教师呈现出与此相近的看法。当前，学生考试成绩是衡量教师业务水平的主要依据之一。因此，中学教师较少愿意花费时间开发和利用本土课程资源，以免挤占学习重要内容的时间，从而影响学生的考试成绩。还有不少教师表示，开发课程资源需要大量的时间和精力，多数教师在工作岗位上身兼多职，日常事务已经是琐碎忙碌，开发本土课程实在是心有余而力不足。

第11题 你认为在课堂上应用深圳本土历史课程资源对历史学习、中考、高考有多大的帮助？（　　　　）

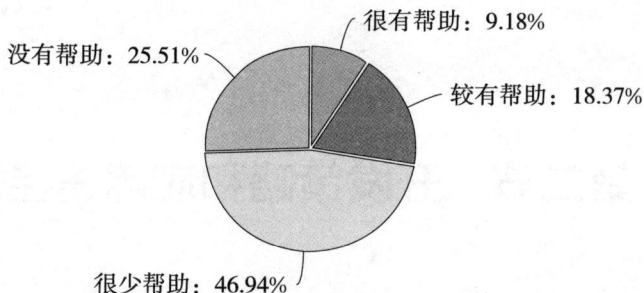

很有帮助：9.18%
没有帮助：25.51%
较有帮助：18.37%
很少帮助：46.94%

深圳历史课程资源对历史学习有多大帮助比例图

3. 组织学生外出参观的难度对本土课程资源开发利用构成瓶颈制约

博物馆、展览馆、历史遗迹、出土文物等看得见、摸得着的历史课程资源能拉近学生与历史的距离，给人以直观的感受。如果在教学中能够利用这些课程资源适时组织实地参观学习，不仅有助于帮助学生掌握理解知识，还可以有效激发学生的学习兴趣，拓展学生的知识视野。

但是在实际教学中，要组织这样的校外参观学习活动看似简单，实则不易。一方面，校外参观学习活动涉及学生外出安全问题，每次组织不仅需要提前耗费较长时间进行准备，方案成型后需提交给学校、教育局等教育行政部门审批，层层审批不仅速度迟缓，还因涉及外出安全问题而难以获批；另一方面，外出参观学习需要车费、门票、餐饮等多方面的经费支持，而学校办学经费有限，这也在一定程度上制约了本土课程资源的开发利用。

第12题　您认为深圳历史教师利用本土历史课程资源的意愿较低的原因有哪些？（可以多选）（　　　）

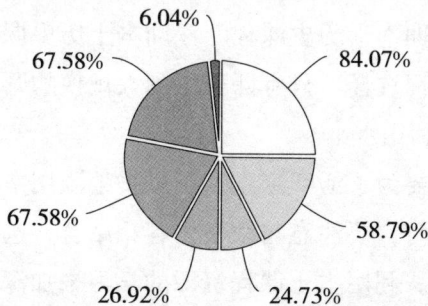

6.04%
67.58%
84.07%
67.58%
58.79%
26.92%
24.73%

□本土历史课程资源少，且利用不方便　□本土历史课程资源对中、高考没什么帮助　□其他
■对提高教学业绩没什么帮助　■个人业务繁忙　■缺乏经费支持　■外出安全政策制约

利用课程资源的意愿较低原因比例图

第二节　开发策略和应用途径

一、深圳本土历史课程资源开发策略

从深圳本土历史课程资源开发的现状来看，本土历史课程资源的开发利用任重道远。一是本土历史课程资源的开发是一个逐步沉淀积累的过程，短时间内难有突破；二是我们推进本土课程资源开发利用的外部环境短时间内难有大的改变，如考试制度、教学评价机制、师生的课程观念、外出安全政策等的制约仍将长期存在；三是深圳本土历史课程资源归根结底属于地方课程资源，不可能当教材使用，对其进行开发利用的动机和力度比较有限。

在这样的背景下，我们应当把握正确方向，运用正确的方法开发深圳本土课程资源。

（一）树立正确的课程观，理清地方课程与国家教材之间的关系

树立正确的课程观，就是要处理好地方课程与国家课程之间的关系。历史教材属于国家课程，具有不可替代的地位。本土课程是重要的课程资源，其开发利用不仅是对国家课程的重要补充，而且有利于丰富课程体系，为学生提供更多的课程选择。在实践中，我们既不要轻视深圳本土历史课程资源，又要避免喧宾夺主、片面推进深圳本土历史课程。深圳本土历史课程资源重在开发课程，为学生提供更多的课程选择。只有课程得到大规模的开发，我们才有机会提升深圳本土课程资源的利用水平。

另外，在教学时也不要为了活跃课堂气氛过多地滥用本土课程资源。在利用深圳本土历史课程资源时，要注意与教材内容相结合，选取与教材内容有深层次联系的本土课程资源。利用本土课程资源的学习来加深对教材的学习，强化历史学科"立德树人"的功能，渗透"家国情怀"和对时代的关注，树立正确的历史观、国家观、文化观、价值观、人生观，为学生的终身学习和终身发展奠定基础。

（二）全面梳理本土历史课程资源状况

对深圳的本土历史课程资源的情况要全面把握，特别是与目前国家课程的相关性加以研究。只有这样才能做到心中有数，资源利用信手拈来。

以下从高中历史必修课程知识的内容出发，对深圳本土历史课程资源的初步梳理。

岳麓版高中历史必修课程知识

课程内容	相关资源	关联性
必修一第四单元第12课《鸦片战争》	大鹏所城	打响鸦片战争第一枪的正是与大鹏所城有关的九龙海战
必修一第四单元第15课《辛亥革命》	三洲田起义遗址、马峦山	三洲田起义是辛亥革命推翻帝制前的第一步，孙中山把其称为"革命风潮自此萌芽已"
必修一第六单元第23课《祖国统一的历史潮流》	皇岗口岸、中英街	见证了"一国两制"方针在香港问题上首次成功实施
必修一第五单元第20课《新民主主义革命与中国共产党》	东江纵队遗址	反映了中国共产党领导华南地区敌后武装抗战的历史
必修一第六单元第21课《新中国的政治建设》	中华民俗村	展示中华民族56个民族的民俗风情，充分体现我国民族区域自治制度的优越性
必修二第一单元第4课《农耕时代的手工业》	全国占地面积最大的客家民居——鹤湖新居	提供了农耕文明时代劳动、生活的场景
必修二第一单元第6课《近代前夜的发展与迟滞》	大鹏所城	大鹏所城为明代军事防御重镇，从侧面反映了明清之际闭关锁国的政策
必修二第二单元第10课《近代中国经济结构的变动》	中英街历史博物馆	里面展示了大量涉及小农经济解体的陈列品
必修二第四单元第20课《对外开放格局的形成》	蛇口工业区；邓小平画像、雕像；深圳变迁图片；招商企业的发展	特区建设的情况是中国对外开放过程的缩影
必修三第一单元第4课《宋明理学》	深圳蛇口宋少帝陵	陆秀夫壮烈投海反映了宋明理学讲求气节的一面

（三）拓宽本土历史课程资源开发渠道

课程资源的开发利用是一项系统工程，需要多管齐下，多渠道拓宽开发利用的途径，如共享资源库、交流平台、展示平台等。下面简要介绍几种重要的渠道。

1. 建立资源共享库

深圳本土历史课程资源种类繁多，涉及的范围也比较广泛。但是每个历史教师掌握的本土历史课程资源毕竟是有限的，个人的时间精力也是有限的。众人拾柴火焰高，只有集合全深圳历史教师的力量，建立资源共享库，把大家掌握到的本土历史课程资源汇总优化，才能真正推进深圳本土历史课程资源的开发与利用。这种资源共享库建议参照目前中学历史教师做得最成功的网站——"中学历史教学园地"，建立一个深圳本土历史课程资源的网站，让教师把自己开发的、收集到的本土历史课程资源分门别类地上传到网站。这样方便教师和学生的利用，也有助于他们在原有的基础上创新地开发与利用深圳的本土历史课程资源。

2. 建立交流平台

资源网站是实现本土课程资源开发利用的重要平台，但是这还不够。每个教师在开发利用的时候都会有自己的思考，也会遇到各种问题和困惑。为答疑解困，我们还可以拓宽沟通交流的渠道，如建立论坛、QQ群、微信群等交流平台。

3. 建立展示平台

为鼓励教师积极进行本土历史课程资源的开发利用，我们还可以创办有关深圳的本土历史杂志，对教师开发的各类优秀本土历史课程资源、典范教案、心得论文予以刊载；也可以举办有关本土课程资源开发利用的专题研讨会，既培养本土历史课程资源开发的学术专家，又通过这样的交流促进本土历史课程资源开发利用的深化。

4. 整合各类社会资源

加强与博物馆、展览馆、文化遗址的联系，建立合作关系，丰富本土课程资源的利用形式。

（四）抓住契机，积极推进本土历史课程资源的开发

任何课程资源的深入开发都需要有持续而强大的推动力。但是本土课程毕竟不是国家课程，它既没有国家课程强制实施的条件，也没有考试、考核的要求。它的开发利用只能依靠教师和学生自发性，其力度还是比较有限的。我们可以借助一些有利的契机、活动,有效地促进本土课程资源的开发与利用。2017年深圳市推进中小学生探究性小课题建设,华中师范龙岗附属中学历史学科组利用这个有利的契机,积极发动该校学生探究深圳的历史与社会问题,为深圳本土历史课程资源的开发提供了非常有益地借鉴。以下是他们获得立项的部分——"2017年深圳市小课题"。

2017年深圳市小课题

课题主持人	指导教师	课题名称
李惠悦	肖学	客家文化源流探究——以深圳坑梓黄氏家族和梅州黄氏家族为例
林晓茵	肖学	深圳古建筑文明的保护调查研究——以茂盛世居的修缮为例
柯澜	邝美华	口述我的深圳故事——改革开放后来深建设者调查研究
温鸿安	肖学	深圳客家饮食如何适应市场发展的调查研究
陈雯怡	邝美华	深圳高中传统文化社团发展现状研究
梁又丹	肖学	深圳外来务工子女的归属感现状调查研究
李璇	李蓉	二孩,想说爱你不容易

(五)就近开发利用

课程资源的利用不必舍近求远,接近学生和学校的课程资源更能够引发学生的学习热情和兴趣。

龙岗客家民俗博物馆位于深圳市龙岗区龙岗街道,深圳市龙岗区天誉实验学校与这个博物馆相距不远。2015年11月,深圳市龙岗区天誉实验学校马晓霞老师组织了一场教学体验活动。以下为这次活动的部分实录。

古腔古韵·客家人·客家情
——龙岗客家民俗博物馆"客家民俗之旅"体验活动

2015年11月1日　　　　马晓霞　　　　深圳市龙岗区天誉实验学校

为创新客家文化传承、教育模式,营造客家文化传承的良好氛围,激发青少年对客家文化的热情,我校四年级(1)班组织开展了为期两周的"古腔古韵·客家人·客家情"主题系列体验活动。

11月1日,同学们在家长的陪同和教师的带领下,到龙岗客家民俗博物馆参加"客家民俗之旅"亲子游活动。参观前,带队马晓霞老师仔细讲解"博物馆参观须知",同学们认真阅读"鹤湖新居简介",大家准备就绪,整装待发!

同学们一边听讲解员的精彩解说，一边认真做笔记，积极参与，踊跃提问。

在"课间分享时光"活动中，参观过客家围龙屋的同学利用课余时间向组员分享旅游见闻，声情并茂地讲述着"旅游纪念品背后的故事"，同学们听得津津有味。

在"小小讲解员"活动中，同学们与家长们一起搜集资料并制作课件，在中午读报时间向同学们娓娓道来，俨然一位专业讲解员。

通过观看客家民俗视频和欣赏客家山歌，同学们对客家话有了浓厚的兴趣，班上一时间掀起了"客家话热"，几名会讲客家话的女生成了班上的小明星。

11月13日，同学们在班委会的组织下，井然有序地开展了"客家人·客家情"的主题班会，一起回顾客家文化。班会由学生担任主持人，分为三个环节。首先是聆听客家歌曲，"感受客家话的魅力"；接着是了解客家历史，"争当小小讲解员"；最后是畅所欲言，分享"客家民俗博物馆一日游"的感想。

本次活动中，同学们亲身走进客家围龙屋，感受客家文化的独特魅力，从书本走向生活，从课堂走向社会，在历史文化遗迹中收获成长，享受学习的快乐！

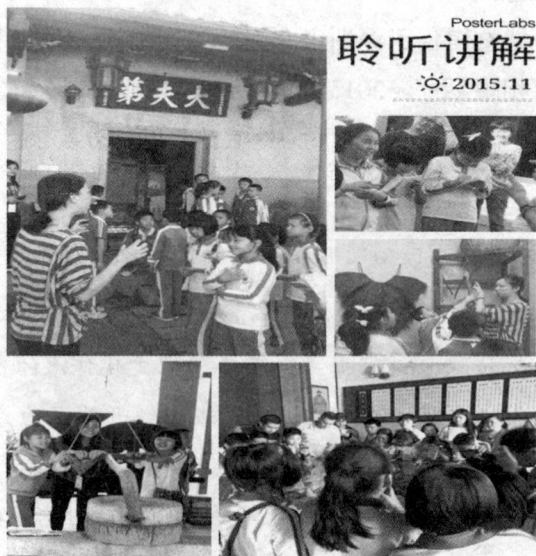

"客家民俗之旅"活动剪影

二、深圳本土历史课程资源利用的一般途径

（一）导入课堂教学

班级授课制是我们目前教学活动的主要形式，因此将本土课程资源引入历史教学的主要途径是课堂教学。教师可以在课堂讲授知识的过程中提及本土历史素材或现实话题，并且简明扼要地告诉学生这部分本土历史在某一历史事件中的地位和意义。

例如，在学习岳麓版高中历史必修二第四单元第20课《对外开放格局的形成》这一课时，我们可以在课堂导入的环节引入深圳的本土课程资源，简单地利用图片及2011年深圳大运会MV《深圳与世界没有距离》，展现深圳改革开放的巨大成就和兼容并包、开放的精神风尚。

深圳

托克维尔说："人们对历史的兴趣，永远是与他对现实的兴趣联系在一起的。"改革开放后，深圳发生了巨大的变化。作为深圳的学生有特别的感触，利用深圳本土课程资源，教师再简明扼要地进行概括，可以很好地激发学生学习本课的兴趣，同时也可以为结尾埋下一个伏笔。在本课结尾的时候，来一个与导入的呼应——中国与世界没有距离！这是简单地在课堂导入中运用，其目的在于利用学生身边熟悉的本土历史课程资源，激发学生的课堂学习兴趣。

（二）开展问题式教学

我们也可以利用深圳本土课程资源设置案例、设计问题，进行启发式教学，从而突破重难点。如岳麓版高中历史必修二第四单元第19课《经济体制改革》这一课，主要讲述的是中国为什么要对内进行经济体制改革，如何进行经济体制改革，以及改革后取得的成效及其意义。深圳作为经济特区，改革开放

的试验田，探索如何打破计划经济体制的壁垒和引入市场经济的一些措施，对中国的经济体制改革具有典型意义。因此在本课的重难点突破上，可以利用深圳本土课程资源创设问题情境，开展学习。

（三）进行研究性学习

要更深入地挖掘深圳本土课程资源，满足那些对深圳本土历史真正感兴趣的学生或将来有意向往历史专业发展的学生，需要采取研究性学习或课题研究的形式深入挖掘。以下是深圳市盐田高级中学历史学科组团队组织学生开展《中英街的历史变迁》研究性学习活动的研究报告。

研究性学习：《中英街的历史变迁》

《中英街的历史变迁》研究报告	
情况 简介	1. 组员：李彤 2. 组员与分工： （1）材料收集：李彤　邱振宇　周宇畅　李文斌 （2）人物采访：李晓谋　邱振宇　何家玉 （3）摄影摄像：吴续凡 （4）解　　说：李彤谭珊 （5）电脑操作：黄麒麟　吴续凡 （6）文字整理：阎峰 3. 组员说明：本研究小组成员主要以高一学生为主，但由于存在出入中英街的过关检查问题，我们研究小组打破了年级的界限，邀请了其他年级一些家住中英街的学生加入。 4. 指导老师：沙头角中学历史学科组全体教师
课题 背景	很多人都知道，在祖国南海之滨的沙头角有一条"一街两制"商业繁荣的中英街，它不仅在中国独一无二，在世界也属罕见。然而，中英街是怎样形成的？它的历史变迁情况如何？这恐怕不是每个人都清楚的。结合中国近代史的学习，我们沙头角中学高一年级的部分学生组成了这个研究性学习小组，对中英街的历史变迁情况进行研究学习
课题 目的	理清中英街的历史发展线索，挖掘中英街的历史文化内涵
研究 过程 与方 法	1. 查找资料：上网查找、翻阅书报收集有关中英街今昔的资料。 2. 实地调查： （1）采访居住在中英街的当地老居民；在中英街建设上做出重大贡献的当今名人。 （2）参观中英街历史博物馆，考察中英街历史文物。 （3）总结整理：整理资料，撰写研究报告。 （3）预期成果表达形式：文字、光盘

	《中英街的历史变迁》研究报告
研究成果	一、中英街的由来 　　沙头角原是一个小渔村，据说是一个出产海盐的地方，当地居民多是渔民，其祖先是从梅县五华一带迁来的客家人。后来随着商业的发展、经济的繁荣，才有一些潮汕人和广州人搬到这里来定居。客家人的民风淳朴，婚寿喜庆等各种风俗基本上与梅县地区的客家人大同小异。至于这个地方为什么叫沙头角？相传清朝的一位大臣有一次来巡视，面对白沙碧水、美丽宁静的大鹏湾，情不自禁地吟出了"日出沙头，月悬海角"的诗句，沙头角由此而得名。 二、中英街的革命足迹 　　早在鸦片战争开始以后，"中英街"地区的群众便和东莞虎门、广州三元里等地的群众一道，奋起反抗英国殖民者的入侵。至沙头角被切割出一半为英租界后，当时英国人控制的九龙海关在中英街附近设有关卡，名叫"洋关分厂"。它的头目叫"厂总"，协助叫"通事"，他们同流合污勒索成性，每每激起中英街商民的反抗。 　　1900年10月6日，在沙头角附近的三洲田爆发了由孙中山先生亲自领导的"庚子首义"，沙头角中英街曾为起义联络站。 　　在抗日战争和解放战争时期，沙头角地区是东江纵队和地下抗日游击队活动的重要场所。中英街是香港通往内地的重要交通线，许多战争物资由香港经这里输入内地，许多在香港的我党重要人物和文化界知名人士也经此送往内地。 三、新中国成立后的中英街 　　1949年10月，中英街解放。1979年的改革开放和建立经济特区后，改革开放的春风掀开了沙头角和中英街历史的新一页。 　　经济特区创立后，结合沙头角地区独特的地理条件和自然条件，区政府制定了以发展商业、工业和旅游业为重点，兼营住宅、种养、装卸运输等经济的发展总规划。沙头角地区工业从无到有（沙头角保税区更是全国著名的高科技产业区），农业综合开发，城市建设突飞猛进，人民安居乐业，物质文化生活水平不断提高，发展速度大大提升。 　　20世纪80年代以后，中英街两边店铺林立，货源充足，每天平均接待游客过万人次，节假日有时更多达八万人次。特别是香港回归后，中英街更是来深圳旅游的必游之地。今天的中英街正以其"一街两制"的特色、"天下第一镇"的美誉吸引八方游客。
研究体会	通过对中英街历史变迁的研究学习，我们更加清楚地认识到：落后就得挨打，衰弱定遭欺凌。香港历来就是中国神圣的领土，中英街是中国近代历史的缩影。香港回归，中英街已洗刷百年的耻辱，中英街的界碑石现在已成为香港回归以及"一国两制"的历史见证。中英街百年的历史变迁昭示我们，只有共产党才能救中国，只有社会主义才能发展中国。改革开放是富国强民之路，中华民族必将伟大复兴。

（四）在试题命制中充分应用本土课程资源

在各级、各类试题的命制中应用本土课程资源，能够让考试内容与身边的历史更加贴近，也是引导学生关注身边事物、人物的一种很好的方式。

例如：

2016年深圳市高三年级第二次调研考试文综历史试

48.（15分）中外历史人物评说

材料一

袁庚，1917年4月23日出生于广东省宝安县大鹏。2016年1月31日在深圳蛇口逝世。以下是袁庚大事简历（节录）：

1931年，进入广东省广雅中学读书。

1937年9月，开始参与抗日救亡活动。

1944年，调至东江纵队司令部工作。

1948年11月，参加淮海战役。

1952年8月，任中华人民共和国驻雅加达领事。

1959年始，在中央调查部工作。

1975年，恢复工作，任交通部外事局负责人。

1978年10月，主持交通部所属的香港招商局全面工作。

1979年，向中央提议成立深圳蛇品工业区，后任工业区建设指挥部总指挥。

1984年1月，提出"时间就是金钱，效率就是生命"口号。

1985年，批准成立全国第一家由企业创办的保险机构——蛇口社会保险公司，发展成为平安保险公司。

1987年，成立新中国第一家由企业创办的股份制商业银行，招商银行。

材料二

1984年6月28日，袁庚在沿海部分开放城市经济研讨会上发言：

我们许多年轻人从四面八方来到蛇口，想在这块只有二点一四平方公里的土地上，来探索一下中国经济今后发展的走向……和什么是中国特色社会主义。内地有些经济学家到蛇口参观，问我们："你们是社会主义，还是资本主义，或是国家资本主义？"我们都不正面回答这些问题。我们愿意接受实践法庭的审判，同时也要为我们的生存和发展辩护。任何一种事业正确与否，都必须经过实践去验证。实践是检验真理的唯一标准，这是我们党内大家一致的认识。

——据涂俏《袁庚传·改革现场》整理

（1）根据材料一分析袁庚职业生涯的特点并概括其贡献（9分）

（2）根据材料并结合所学知识，指出袁庚研讨会发言的历史背景。（6分）

参考答案：

（1）特点：跨越时间长，从抗日战争到解放战争，到全面建设社会主义时期，再到改革开放时期；跨越地域范围大，从南方到北方，从国内到国外；跨越领域广，从军事，到外交，到政治、再到经济领域。（从其他角度概括其特点也可以酌情给分）

重要贡献：对中国的经济体制改革和对外开放事业有开拓之功。（9分）

（2）真理标准问题的讨论；十一届三中全会召开解放了思想；深圳等经济特区的成立；十四个沿海城市的开放。（6分）

（五）开发校本课程

本土课程的开发利用形式多样，引入课堂是一种比较普遍的形式，也是比较浅层次地利用，而研究性学习（课题研究）则属于本土课程比较深层次地开发利用。如果我们把各类研究性学习归纳汇总，或者对某一个主题进行系列地探究学习，形成课程系列，那就是本土课程资源的校本课程化。

校本课程的开发要体现以校为本的特点，利用本土课程资源来开发校本课程是实现这一特点很好的方式。2006年，当时的大鹏仍然属于龙岗区的一个街道。深圳市龙城高级中学历史学科组立足于本土课程资源，开发了校本课程《大鹏所城的历史与现状》。课程从大鹏所城的历史沿革、大鹏所城的建筑风貌、大鹏所城的保护与开发三个方面展开研究性学习。学生学习的兴趣浓厚，参与度很高，研究性学习成果丰富。该课程曾在深圳市获奖。

深圳大鹏，是我国目前保存最完整的明清海防卫所，位于深圳市东部大鹏半岛上的大鹏镇鹏城村，始于明洪武二十七年，是明清两代中国南部海防的军事要塞。

大鹏半岛森林覆盖率超过76%大，整个大鹏半岛被称为深圳最后的"桃花源"，被《中国国家地理》评为"中国最美的八大海岸"之一。

大鹏古城

大鹏新区有深圳大鹏半岛国家地质公园、龙岩古寺、赖恩爵将军第、刘起龙将军墓、福田世居、长安世居、坝光村等景点。

深圳大鹏新区是深圳的"文化之根"。典型的非物质文化遗产，截至2013年，有各级历史文物67处。鹏城社区是深圳唯一的国家级历史文化名村。

据了解，本次世界遗产的申请主体，涵盖了我国明清时期的整个海防体系。

专家表示，目前大鹏所城是明清卫所制度与海防体系中，保留下来比较完整，并且能形成冲击力的遗产地址。

又是一年春节假期，叫上了妹妹们去了大鹏古城内游玩。虽是冬日但却也是烈日炎炎。一辆又一辆小桥车开到古城外。我们到时依然是中午了，两旁都是特色文化风味的餐馆，来来往往的小贩。贪吃的孩子们嚷嚷着让大人买下。赞卖声、哭闹声、叫卖声，好不热闹！肚子的闹腾让我们不得不先撇开热闹，进入一家外观与别家不同的餐馆。填饱了肚子，又开始了古城之游。再走进去，人好像少了些，吃食也少了许多，取而代之的是精美的工艺品和廊上挂着赋有历史价值的画。不仅有吃的还有玩的。这不，"归田田居"字样的茶艺客栈就呈现在眼前，走进"左堂署遗址"，里面是栩栩如生的雕像。再往前，一个介绍从前打仗等的工具。如独木舟，它是战国时期发明使用的，用的是阴沉木与金丝楠木质，古人视其为辟邪、祈福之物。这样详细的介绍还有很多，也令我受益匪浅。走出上庙，还看见不少美术生在此作画。看到这时，已是傍晚。又找到一家餐馆满足地吃了一顿，便带上我们的纪念品与古城作别了。

学生获奖作品

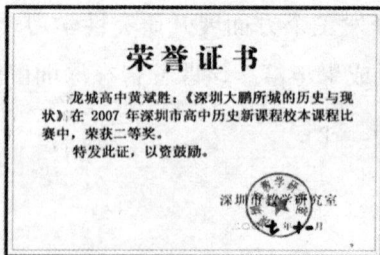

荣誉证书

　　华中师范大学龙岗附属中学历史学科组根据深圳市历史教研员唐云波老师的指导意见，调动全校师生的力量，开设探究课堂，边开发边实践，最后形成校本课程。以下是其校本课程的课程纲要：

《深圳——我们的家园》课程纲要（部分）

课程名称	深圳——我们的家园		
课程性质	公共选修课	课程代码	ls20180901
授课对象	本校高中生	总课时	30
课程简介	深圳历史文化底蕴深厚，更是改革开放和中国现代化的缩影。深圳有着7000年的人类开拓史、1600多年的建置史、1000多年的海外交通史、800多年的移民史、600多年的城堡史和海防史、300多年的华侨史、100多年的反西方殖民主义斗争史、40多年的改革开放史，这些都是支撑现代深圳的历史柱石，是建设现代化深圳的重要历史文化遗产。 本课程充分挖掘深圳的地方历史资源，设计体现深圳地域特色的课程，旨在帮助学生了解深圳的历史传承、风土人情，认识深圳社会发展的现状，弘扬并传承奋发向上的"深圳精神"，推动深圳未来的发展。同时也是落实党的十九大报告精神，强化历史学科"立德树人"的功能，渗透"家国情怀"和对时代的关注，树立正确的历史观、国家观、文化观，价值观、人生观，助力学生的终身发展和学习		
课程内容	本课程拟从"追溯我们家园的历史""探究我们家园的现状""共绘我们家园的未来"3个版块切入，以探究性、活动类课程的方式，全面介绍深圳的风土人情、历史人文、改革开放经验、高科技建设、社会治理等内容。 具体内容如下： 一、追溯我们家园的历史 1.古代遗址实地考古 2.重要历史人物和重要历史事件文献研究 3.近现代历史风云变迁访谈		
课程内容	二、探究我们家园的现状 1.生态环境调查研究 2.城市居民生活方式调查研究 3.社会治理现代化调查研究 4.开放型国际化状况调查研究 5.科技创新机制与科技创新能力调查研究 6.知名公司（品牌）创业历史调查研究 三、共绘我们家园的未来 1.展望"50年后的深圳" 2.为粤港澳大湾区建设献策 3.为构建全球海洋城市献策 4.为打造全球创新引领型城市献策		

续 表

课程名称	深圳——我们的家园		
课程性质	公共选修课	课程代码	ls20180901
授课对象	本校高中生	总课时	30
实施方式	本课程为深圳乡土历史探究课程，其实施方式主要以探究学习的方式进行，以问题为起点，以探究为中心，面向整个生活世界，强调历史与现实、自然与社会之间的密切联系，注重学生的主动学习，提倡体验、探究、合作的参与过程，采取多种学习方式，综合培养学生历史学科的核心素养		
教学评价	探究性课程是用探究性学习方式学习的一门课程，它强调探究的过程性而不是结果。因此，在研制探究性课程评价标准的时候，学习评价不仅要关注探究结果的评价，而且更要重视探究过程的评价。既要对探究的问题和探究方案进行评价，也要对探究实践进行评价。 在评价的内容上，既要包括学习态度、科学态度与科学精神，又要包括研究与解决问题的能力和合作与交流的能力。不仅教师要对学生进行评价，而且学生要进行自我评价、小组评价等。更重要的是要发挥评价的改进和激励功能，通过评价促进学生的发展。 在评价的方式上，探究性学习评价更多的是采用成长记录袋、观察与谈话、协商与研讨、展示交流与答辩等多种方式来进行评价。 在评价结果上，评价表述也要兼采多种方式，如语言描述、等级表示等。另外在高中阶段还可采用学分评定和特长认定相结合的方式，为高等院校自主招生提供参考依据		

深圳平湖中学王英俊老师利用深圳本土课程资源研制的校本课程《深圳非物质文化遗产概览》被评为"深圳市好课程"。王老师认为："作为教育者，教育不仅是传授知识，更是在传承一种文化记忆。深圳特殊的地理位置和人文环境孕育出独特的人文景观和传统文化，至今仍广泛地存在于人们生活中。我们应将其中的精华部分贯穿于学生的学习中，将地域文化和'非物质文化'可持续地传承下去，这是教师的责任。"

课程体系的具体内容详见本书附录。

（六）其他途径

除了以上途径以外，组织学生实地参观考察深圳历史遗迹、纪念馆、博物馆，指导学生撰写历史遗迹导游词，编演历史话剧，举办历史手抄报比赛、历史征文比赛、社科知识竞赛等，都是本土历史课程资源利用很好的途径。

第三节 口述的历史

口述历史教学是充分利用本土课程资源的一种有效形式。口述历史教学打破了课堂与社会的界限，不论是学生访谈阶段还是课堂教学阶段，都能够促进学生多元智能的发展。

口述历史教学通常的形式有与受访者交谈；聆听口述；阅读口述史料并解决问题；复述受访者的故事；理解受访者的语言，对受访者经历的历史进行深入思考；撰写小论文等，在此过程中要判断受访者的谈话是否真实，对访谈中的数字整理分析。

深圳罗湖外国语学校卫然老师开展了口述历史记录大赛，比赛设计合理，准备充分，收到了很好的效果。

以下为这次比赛的方案和评比细则：

罗湖外语学校"钩沉杯"口述史记录大赛

一、活动宗旨

从我们的祖先口耳相传开始，从他们系下的第一个绳结记事开始，从他们刻下的第一个笔画开始，我们的历史悄然流传下来。历史是人类经验的记载，也是民族与国家认同的基础。所以，历史是一种公共事务，越来越多的人参与到写史的浪潮中，为历史的时间轴勾勒出诸多生动精彩的画卷。

2011年，首届全国中学生历史写作大赛第一次将写史的行为延展到中学生中来，时至今日已是第四届。罗湖外语学校高中部历史组借此契机，在全校开展"钩沉杯"口述史记录大赛。希望学生初步掌握口述史的研究方法，钩沉被正史和教科书边缘化的点点滴滴，践行公民写史的责任，承继起家族的血脉和精神。

二、活动方案

1. 参赛对象：高一、高二学生。

2. 参赛时间：2013年12月2日—2014年3月15日。

3. 收稿时间：2014年2月24日—28日。

4. 评审时间：2014年3月。

5. 奖项设置：一等奖5名；二等奖10名；三等奖若干名。其中一、二等奖作品学校推荐至全国参赛。

6. 教师活动：培训学生口述史的记录及写作方法，集体培训和个别指导相结合，结束后选择优秀作品结集成册。

三、作品要求

1. 主题：

爷爷奶奶的故事。

2. 要求：

通过实际采访和资料研究，真实记录亲人的经历，体现历史对个人的影响，并展现个人的努力对历史的反作用。

3. 步骤：

（1）阅读相关的时代背景资料，挖掘话题。

（2）印证亲人经历：利用档案馆、地方志、杂志、报纸、采访长辈中同辈人等。

（3）用录音、文字或视频拍摄等方式记录采访过程，并进行整理。

（4）根据记录进行写作。

4. 格式：

（1）文本参赛。

A文（70%）：主文，真实记录探究过程中的历史，非虚构写作，不得有主观虚构；

B文（30%）：辅文，探究活动的体会和感想。

（2）视频参赛。

A：故事；

B：花絮。要求画面清晰，播放流畅，有中文字幕。

（3）音频参赛。

A：故事；

B：花絮，要求尽量使用标准普通话，若有方言请提供录音文本。

评价细则

序号	项目	优秀	良好	一般	不合格
1	口述史相关知识学习（10分）	参加学校培训，有学习记录，并能额外阅读相关书籍（10分）	参加学校培训，有学习记录（5-10分）	参加学习培训，无学习记录（0-5分）	不参加培训或学习（0分）
2	过程记录（30分）	有纸笔、录音、视频等详细记录，真实可信，互动性好（20-30分）	有纸笔、录音、视频等记录，真实可信（15-20分）	有简单的采访记录（含时间、地点、主题）（10-15分）	无采访过程记录（0分）
3	作品呈现（30分）	叙事完整、真实，主题鲜明，情节动人；能引用相关资料；有图片等实物；既能体现历史对人的影响，也能反映出个人对大历史的反作用（20-30分）	叙事完整、真实、主题鲜明；有相关资料证明；能体现历史对个人的影响（15-20分）	叙事完整、主观想象较少、流水账式记录；不能反映历史与个人的相互作用（10-15分）	流水账式记录，无完整故事和鲜明主题，抄袭等（0-10分）
4	个人感想体会（10分）	感想深刻，能写出对所写历史较深的认识，有对历史学习方法的体会（8-10分）	感想较深刻，能写出对所写历史的认识（5-8分）	感想平淡（3-5分）	无感想或应付（0-3分）
5	家长评价（10分）	采访三次以上，主动交流，认真记录（8-10分）	采访三次以下，交流和记录工作较好（5-8分）	采访一次或经人转述（0-5分）	无采访（0分）
6	学生互评（10分）	作品有相当强的吸引力，写作规范（8-10分）	作品有较强的吸引力（5-8分）	作品一般（3-5分）	令人无阅读欲望（0-3分）

4

第四章

深圳本土历史课程资源概览

深圳有着近7000年的人类开拓史、1600年的建置史、1000多年的海外交通史、800多年的移民史、600多年的城堡史和海防史、300多年的华侨史、100多年的反西方殖民主义斗争史、40多年的改革开放史，这些都是深圳重要的历史文化遗产。

第一节　深圳主要博物馆（纪念馆）简介

截至2020年，深圳全市拥有博物馆、纪念馆40余座。深圳的博物馆（纪念馆）不仅展示了深圳经济特区发展的历史，同时还有本地的风土人情介绍，其中最具特色的有深圳市博物馆、大鹏古城博物馆、深圳客家民俗博物馆、中英街历史博物馆、南水村史博物馆、沙头角鱼灯舞民俗博物馆、天后博物馆、麒麟博物馆、宝安劳务工博物馆等。

1. 深圳博物馆

深圳博物馆（新馆）位于广东省深圳市福田区福中路市民中心A区，北靠莲花山公园，南临深南大道，是一座以地志性为主的综合类博物馆，是深圳文物收藏和历史研究的中心。

第一个展览部分就是"古代深圳"。走进序厅，扑面而来的就是海蓝的基调。地面是蓝，油画背景的大海是蓝，海洋文化背景衬托着巨幅铜雕，铜雕浓缩了深圳近7000年的历史事件和文化元素，或新石器时代的猎人，或东晋南头古城、客家围屋，或大鹏所城抗英的殊死对决。展览分"先民足迹""城市开端""海洋经济""海防重镇""古代移民"五个部分，通过数百件深圳地区出土的文物、历史文献以及栩栩如生的模拟场景，展示了有着六千多年人类开发史和海洋经济发展史、1700多年的城市史、600多年的海防史、悠久的广府民系和客家移民史的古代深圳。

第二个展览部分为"近代深圳"。近代深圳是近代中国历史的一个缩影。该陈列以深圳人民反侵略反封建反官僚资本主义的"百年抗争"和反映民生状况的"社会经济"为主线，通过400多件实物和300多幅图片，辅以雕塑、油画、壁画、场景复原、影视等陈列艺术手段，生动地展示了近现代深圳的发展历程。

第三个展览部分为"深圳民俗文化"（清代至今）。深圳以广府和客家民系为主的传统民俗文化源远流长，丰富多彩。该陈列部分为区域民俗、广府民俗、客家民俗和海洋文化民俗四部分，全方位展示了鲜活的"乡土深圳"。

第四个展览部分（三楼）为"深圳改革开放史展览"。展厅里面有2株巨大的榕树，几组雕塑反映了那个时期深圳人的生产和生活，正面是拓荒牛奋力拔出树根的青铜雕塑。序厅的两侧从上到下是浅浮雕，一侧是历史上深圳的景观和风貌，另一侧是今日深圳现代化的场景，上面是深圳的城市风貌和自然景观，序厅的里面则是深圳《继往开来》的巨幅图片和下面的沙盘模型，很有气势，展现当今深圳的现代化和深入推进改革的场景。接下来依次是展览的三个厅，一是"特区开创阶段"，二是"增创新优势阶段"，三是"实践科学发展观阶段"。

深圳博物馆（旧馆）始建于1981年，于1988年11月开馆，占地面积约3.7万平方米，建筑面积1.8万平方米。

深圳博物馆（旧馆）

深圳博物馆（旧馆）内景

1995年5月，深圳博物馆被深圳市委、市政府命名为市级爱国主义教育基地，获2014年度深圳市文化志愿服务先进单位、2014年度深圳市文化志愿服务示范项目。2016年12月，深圳博物馆入选《全国红色旅游景点景区名录》。

深圳博物馆馆藏文物

三段区段式神人纹镜		年代：北朝（386-581），直径17.5厘米，缘厚0.4厘米。照容用具。圆形，扁圆钮。 内区纹饰被夹钮的两条平行线分为上、中、下三段。上段中部为玄武龟座背上竖起华盖，其右为正面端坐神像，神像旁有侧身站立的侍者3人，华盖左边有面向主神躬身站立手持物的侍者6人；中段亮主神头朝钮端，夹钮对置；下段二神身躯后仰作凤舞状，二神中间有"8"形蔓带间隔。外区为12个方枚与12个半圆相间环绕，方枚内各有1字："圎口明镜口山口口涑三冈"。其外为一周斜线纹和缠枝纹带，素缘
龙泉窑褐彩连座梅瓶		年代：元（1279-1368），通高16.7厘米，口径3.5厘米，底径4.7厘米。梅瓶为连座式样。 小口外侈，短颈，丰肩，弧腹，小圈足。瓶座圆唇外翻，束颈，座身斜收，其上有3个花瓶式镂孔，底座置4小足。瓶身与瓶座可以拆开。通体施青釉，釉厚莹润，有细冰裂纹。口沿与瓶身以褐釉点彩做装饰，幽雅古朴
鸟纹鼎		年代：西周（约公元前1100-前771），通高41.5厘米，口径42厘米。 河南三门峡上村岭虢国墓地出土，属饪食器。平沿、立耳，半球形腹，圜底，粗壮兽蹄足，里侧内凹。口沿下饰窃曲纹一周，腹部饰鸟纹一圈。此器是一套7件列鼎之一，本馆现藏5件。其造型敦厚、稳重，花纹粗犷流畅，是西周晚期标准器

褐彩牡丹纹梅瓶		年代：元（1279-1386），高36.6厘米，口径6.5厘米，底径14.3厘米。 深圳南头后海出土。胎呈米黄色，素胎上绘褐彩。侈口，短颈丰肩，斜腹束收成台形足。肩附双系，近底有四小孔。颈和足施酱色釉。彩绘纹饰分5层，从上而下依次为莲瓣纹、卷草纹、龟锦纹为地的折枝牡丹菱形开光、莲瓣纹、卷草纹及朵花纹菱形开光。此梅瓶造型秀美，纹饰描绘生动细腻，富有层次，为元代广东地方瓷窑有特色的佳作
玉石猪龙		新时期时代红山文化（距今约5000年）佩玉。深褐色。长6厘米，宽5.2厘米，厚1厘米。 龙呈圆形弯曲状。扁体。以两道去地阴线将龙分为头、身、尾3部分。深刻圆眼。背面装饰2条凹线。正中穿孔对钻而成。内蒙古自治区赤峰市巴林右旗与翁牛特旗交界处五分地出土。2000年深圳市博物馆从天津购藏
双兽首玉石雕		新石器时代红山文化（距今约5000年）佩玉。青色，近底处发白。长7.2厘米，宽3.9厘米。对钻穿孔成双目，去地阴刻成嘴。以3条凹槽将身体分为头、身、角。底有小部分突出体沿，作尾或足。内蒙古自治区赤峰市松山区阳河出土。2000年深圳博物馆从天津购藏

2. 大鹏古城博物馆

大鹏所城位于深圳东部龙岗区大鹏镇鹏城村，始建于明洪武二十七年（1394），占地约11万平方米。它是明清两代中国南部的海防军事要塞，有着600多年抵御外侮的历史，涌现了赖恩爵、赖信扬、赖恩锡、刘起龙、刘黑仔等一批杰出的民族英雄。深圳又名"鹏城"即源于此。大鹏所城是广东省重点文物保护单位和爱国主义教育基地。1996年，深圳成立了一个以文物保护、历史研究和旅游开发为宗旨的"大鹏古城博物馆"。

清初大鹏所原设防守千总一员，兵300名。顺治十三年（1656），新安县知县傅尔植奏请改设大鹏所防守营，官兵500名。康熙七年（1668），并大鹏所防守营入惠州协，归惠州协副将管辖，时该营官兵凡员400名。康熙四十三年

（1704），改大鹏所防守营为大鹏水师营，官兵931名，防所大炮共168位。雍正四年（1726），裁游击，改设参将1员，添设外委千把总7员，改隶广东水陆提标统辖。嘉庆十五年（1810），水陆区分，广东增设水师提督，驻虎门，设五营，大鹏为外海水师营，设参将1员，兵额800名。道光十一年（1831），以该营所辖之洋面宽广，难于防卫，遂分设左右二营，左营即原大鹏营，兵额505名，右营驻东涌所城，兵482名。道光二十年（1840），因鸦片走私盛行及英国威胁日大，遂将大鹏营提升为协，增设副将一员，移驻九龙。

大鹏古城博物馆

3. 深圳客家民俗博物馆

深圳客家民俗博物馆即鹤湖新居，规模宏大，气势磅礴，是全国占地面积最大的客家民居建筑。位于龙岗区龙岗街道罗瑞合村，紧邻惠龙岗大道，距深圳市区28公里。

鹤湖新居为罗氏所建，成于清嘉庆二十二年（1817），历三代，数十年。占地面积24816平方米，建筑面积14530平方米，南北宽166米，东西长109米，共有179个居住单元房，每单元数间屋构成，共有房屋数百间。

围墙内民居似"回"字形，整座建筑群由内外两围相套而成，外围平面前宽后窄，呈银锭状；内围有高墙与外围相隔，平面呈方形。屋宇、厅、堂、房、井、廊、院布局错落有致，天街复，像座迷宫，易守难攻，有"九天十八井，十阁走马廊"之称。

博物馆是客家人开发深圳地区的历史见证，为研究深圳历史、文化、民俗、建筑等提供了重要依据，是深圳本土民俗的最集中展示，具有重要的历史、科学与艺术价值。

4. 中英街历史博物馆

中英街地处沙头角，沙头角为原归新安县管辖，背靠梧桐山，南临大鹏湾，是一块历史悠久、美丽富饶、生机勃勃的热土。它融古代文明与现代文化于一体，有发展旅游经济、文化得天独厚的自然和人文环境。中英街原为一条被称为鸬鹚径的泥沙河，它虽长不过250米，宽不过3米、4米，其历史变迁却是中国近现代史的缩影。中英街矗立的界碑，既是清王朝腐朽没落和英帝国主义侵略的历史见证，又是改革开放以及

深圳客家民俗博物馆鹤湖新居

香港回归祖国和中国走向繁荣富强的历史见证。中英街"一街两制"的特殊历史背景和人文景观不仅在中国独一无二，在世界上也属罕见。

中英街历史博物馆位于深圳市盐田区沙头角街道内中英街一号界碑的东侧。1998年12月28日，中英街历史博物馆成立，这是一座专题性地志博物馆。1999年5月1日，新馆正式开馆。基本陈列为《百年中英街》，在2006年经过调整充实后，在历史陈列的基础上增加了较大篇幅的本土民俗生活和非物质文化遗产方面的内容。展览复原了15个历史场景，浓缩了中英街100年的变迁发展历史，突出了鸦片战争前沙头角本土历史和民俗文化，突出了"一街两制"的人文历史特色，首次把沙头角非物质文化遗产从民俗陈列中剥离，成为全市首家开辟"非物质文化遗产展厅"的博物馆。

中英街历史博物馆

5. 招商局历史博物馆

招商局历史博物馆是在招商局档案馆"史料陈列室"的基础上建立起来的。档案馆于1992年11月28日开馆，最初坐落于南山脚下幽静的龟山别墅区，2003年换到蛇口沿山路21号，2003年11月档案馆乔迁新馆。

步入新馆，最夺目的亮点便是全新设计布展的史料陈列馆。它采用写实手法，构思新颖，图文并茂，色彩凝重而又赏心悦目，明暗有致的灯光效果，久远深邃的历史气息，令人叹为观止。它以时间为主线，展出了包括李鸿章创立招商局的奏折、开办之初的招商入股书、招商局第一个章程、招商局股票、龙头印章、晚清漕运文献、招商局抗日沉船的船体遗骸、招商局海员起义生死状等近500件文物，再现了招商局130年来的风雨历程，也反映了我国民族工商企业一个多世纪以来的艰难发展。许多参观者看后很是感慨、激动。一方面觉得所展史料丰富珍贵，反映的内容与社会历史互为印证，真实、可信；另一方面，对招商局历史有了深入地了解后，为经历这么多坎坷如今依旧生机盎然的民族企业、为伟大祖国的复兴感到自豪、振奋。

与中国近现代历史的紧密关联，使招商局史料陈列馆有了丰富的文化内涵，远远超出了一般企业史料馆的范畴，具有了深刻的社会历史性。参观活动的增多，促使陈列工作不断改进，并且对馆藏档案的收集、管理、发掘、研究利用等工作都提出了更高的要求，档案馆的工作重点也超出了原来的档案工作范畴。

2004年5月17日，招商局向深圳市文化局呈报了《关于申请命名"招商局历史博物馆"的请示》。7月30日，深圳市文化局对招商局正式复函予以批准，并表示全力支持设立"招商局历史博物馆"，认为"招商局历史博物馆"在馆址、机构、经费、藏品、基本陈列和消防安全等方面已具备了设立"招商局历史博物馆"的各项条件，同意将"招商局历史博物馆"作为深圳唯一的企业创办的行业博物馆，纳入全市博物馆管理系列，并对成立后的主要工作任务做出了指导。

招商局历史博物馆

6. 深圳南头古城博物馆

深圳南头古城博物馆位于深圳市南山区南头古城内。南头古城又名新安故城，曾是历代岭南沿海地区行政管理中心、海防要塞、海上交通和对外贸易的集散地。目前所保留的南头古城始建于明洪武二十七年（1394），初始为明代海防要塞东莞守御千户所城。南头古城具有1730余年的悠久历史，是深圳最具规模的历史文物旅游景点。广东省人民政府公布南头古城垣为省级文物保护单位。

南头古城博物馆展现了深圳1677年的城市史，展出300多件文物，叙述了从东晋咸和六年（331）起源的深圳城市史。陈列主要分两大部分：第一部分为室内陈列，以南头古城的历史变迁和人文历史为背景，全面展示深圳的城市发展史、抗击外敌侵略史；第二部分为古遗址区、古城区、古建筑展示，大量文物古迹和历史建筑，体现出昔日古城的繁荣和热闹的景象。

深圳的历史之根便是南头古城。南头在汉武帝时就成为全国28处盐官之一的番禺盐官驻地，史称"东官"。三国吴甘露元年（265），又在东官设立司盐都尉，始建"垒城"，这便是深圳最早的城。深圳真正的城市开端应是东晋咸和六年（331）东官郡城和宝安县城的创建，其所在地就是南头古城。东官郡辖6县，其地包括今潮汕、梅州、惠州、深圳、东莞、中山、珠海、港澳等地，以及福建云霄、诏安等地区，当时这一地区的经济、文化已有相当的发展。

这座曾被称为"全广门户"的古城现呈不规则的长方形，城垣范围东西长为680米，南北宽为500米。除了北城还残存着一段高低不等、断断续续的城墙之外，其余部分早已荡然无存。复杂的历史原因造成南头古城的尴尬状态，直到1999年，南头古城的开发保护工作才逐渐走上正轨。目前，南头古城博物馆已经建立并对外开放，修复后的南门也依稀显出当日的面貌，城内还保存有纪念文天祥的信国公文氏祠、东莞会馆、报德祠等历史建筑以及40余座明清时期具有岭南及南洋建筑风格的民居。

深圳南头古城博物馆

7. 深圳市福田区皇岗博物馆

深圳市福田区皇岗博物馆位于福田区皇岗村中心广场附近，是由皇岗股份公司投资2000万元人民币兴建，以皇岗村具有200余年历史的庄氏宗祠为依托建成的大型仿古建筑，占地面积3000平方米，建筑面积1700平方米。

该馆基本陈列为《皇岗的昨天、今天与明天》，着重展示皇岗村史、改革创业和发展史、皇岗村的风情以及皇岗的美好前景，表现皇岗人发奋图强、艰苦创业的精神，充分反映了皇岗村在改革开放20年中，在走向共同富裕的道路上发生的巨大变化，是深圳农村改革开放成就的一个缩影，是进行爱国主义教育的重要场所。

8. 天后博物馆

天后博物馆坐落在深圳市南山区赤湾村旁小南山下，依山傍海，风光秀丽。其创建远溯宋代，其营造气势宏伟，明、清两朝多次修葺，规模日隆。明万历初年，郑和奉明成祖朱棣之命率领舟师远下西洋，开创了海上"丝绸之路"，天后博物馆为其重要一站。以天后宫为中心的"赤湾胜概"是明清时期"新安八景"中的第一景。

天后博物馆规模最大的祭祀活动为天后诞。天后的祭祀活动除民间外，官方每年春秋也到此致祭。作为当时海上"丝绸之路"的重要一站，明代朝廷曾颁文："凡是朝廷使臣出使东南各国，经过这里时必定停船祭祀。"另据鲁言在《香港掌故》中载道："由于赤湾天后古庙宏伟，每年农历三月廿三后诞，香港九龙水陆居民都前往赤湾天后庙去贺诞。"

天后博物馆鼎盛时计有山门、牌楼、日月池、石桥、钟楼、前殿、正殿、后殿、左右偏殿、厢房、客堂、长廊、角亭、碑亭等建筑数十处，房屋120余间，占地900余亩，其殿宇巍峨壮丽，庙貌气象万千，是中国沿海地区最大的、拥有99道门的天后宫庙，也是深圳历史上最负盛誉的人文景观，为深圳市重点保护单位之一。

天后博物馆

9. 深圳南水村史博物馆

深圳南水村村史博物馆位于深圳南山区南水社区集体综合楼。南水村，这个20世纪50年代还叫田寮仔的村庄，原住民都是几百年前从广东梅州五华、河源紫金等地迁移而来的客家人。这些客家人定居南水村后，也带来了许多客家文化，并加以传承和发展，诸如客家山歌、姊妹节等。南水村的客家人没有刻意去挽留家乡的一些什么，对家乡以及家乡传统的怀念与汲取，是他们的一种文化自觉，于是有了南水村史博物馆。

博物馆分为若干个区间，即若干个小房间，房间与房间之间以门相隔，每个房间展示不同的主题，主题则主要用农耕用具来体现。为了更好地向一些并不熟悉客家文化的参观者展示客家文

深圳南水村史博物馆

化的底蕴，该博物馆还安装了影音设备，同时配备了解说员。

博物馆建成后，免费对外开放。对于一些年轻人，在那里可以感受到祖辈劳作时的情景，以及触摸祖辈曾经赖以生存的劳动工具。

10. 沙头角鱼灯舞民俗博物馆

沙头角鱼灯舞民俗博物馆是深圳首座以国家级非遗沙头角鱼灯舞命名的博物馆，也是盐田区首座社区博物馆、民间博物馆。结合辖区文化发展，其定位是要继续保护和传承好"沙头角鱼灯舞""九簋菜"等非物质文化遗产；要深入挖掘，整合提升，传播推广盐田辖区优秀文化资源，打造滨海文化新高地；要加强管理，完善服务，不断提升鱼灯舞博物馆服务社会的综合能力。

沙头角鱼灯舞民俗博物馆

11. 麒麟博物馆

2013年1月5日上午，位于深圳龙华新区大浪办事处下岭排社区居民活动中心的深圳市首个麒麟博物馆落成，并向市民免费开放。

该博物馆建立是为了以图文并茂的形式展示麒麟的渊源、舞麒麟的产生与流传、客家人与舞麒麟，以及大浪舞麒麟的历史和大浪各时期舞麒麟的发展与兴衰，期望引起社会广泛关注，同心协力构建老、中、青三级传承梯队，使这项国家级非物质文化遗产继续发扬光大。

麒麟博物馆

12. 深圳（宝安）劳务工博物馆

深圳（宝安）劳务工博物馆

深圳劳务工博物馆展品

深圳（宝安）劳务工博物馆由宝安区人民政府投资兴建，2008年4月28日建成开馆，免费向社会开放。该博物馆是我国第一座以劳务工历史为题材的专题博物馆，是深圳改革开放的历史见证。

该博物馆的功能定位是劳务工史料和文物标本的收藏展示基地、劳务工历史和劳务工问题的研究基地、劳务工事迹和劳务工文化的参观教育基地，2009年被确定为宝安区中小学生校外教育基地，2011年被确定为深圳市首批"红色旅游景区"之一，2012年初被国家文物局纳入全国第三批免费开放博物馆、纪念馆名单。

该馆位于深圳市宝安区石岩街道办上屋社区永和路6号，利用深圳市第一家"三来一补"企业旧厂房改造而成，馆舍占地面积5230平方米，建筑面积5860平方米，主要功能区域划分为：

（1）深圳市第一家"三来一补"企业厂景复原在展示区，建筑面积1165平方米，包括三个不同年代的生产线、劳务工宿舍以及饭堂、放映厅等。

（2）基本陈列厅800平方米，分为五个单元对劳务工30年的历史进行陈列展示。

（3）临时展厅和报告厅500平方米，主要用于劳务工美术、书法、摄影作品展览，举办劳务工大讲座活动，讲座主题包括劳务工事迹报告会、职业规划、心理健康、普法维权、创业就业论坛等。

（4）劳务工摄影作品专题陈列室500平方米，主要用于收藏、陈列劳务工获奖摄影作品。

目前已征集劳务工史料及文物标本6 000多件（份），基本陈列厅展出约900件（份）。

第二节 深圳境内的历史遗址简介

1. 新安故城遗址

新安故城，又名新安石城、南头古城，位于深圳市南山区南头天桥北8米处（深南大道旁），占地面积约7万平方米，是目前深圳最具规模的历史文物旅游景点，具有1730余年的悠久历史。

据史载，该城汉时为盐官驻地，三国时筑司盐都尉垒"芜城"，东晋咸和六年（331）在此筑东宫郡城和宝安县城，明清时为新安县城，该城系江海交通要冲、海防军事重镇。今日所见之南头城，即洪武二十七年（1394），广州左卫千户崔皓在原旧城址上修建的"东莞守御千户所城"。明万历元年（1573）设新安县，该城系江海交通要冲、海防军事重镇。自晋代以来，香港、澳门、珠海、中山、东莞等地长期隶属南头古城管辖。

新安故城遗址

2. 屋背岭商时墓群遗址

屋背岭遗址位于南山区西丽街道办事处福光村村后，海拔61米，是东北——西南走向的长条马鞍形山岗。该遗址是1999年深圳市第二次文物普查时发现的，在2001年4月至2002年3月进行了考古发掘。该墓地是广东地区发现、发掘规模最大的商时期墓葬群，已发掘清理出商时期墓葬94座（截至2012

年），根据调查和勘探的情况推断，埋藏总数应当在200座~300座左右。在1400平方米的范围内发掘清理出商时期墓葬94座，出土大批石斧、陶罐、玉矛、铜矛等重要文物，这批墓葬的发现在深圳尚属首次。屋背岭遗址成为2001年全国十大考古新发现之一。

墓室开口在表土层下，均属小型长方形土坑竖穴墓。墓向有东西向、东北-西南向、东南-西北向。长度一般不超过2米，宽度多数在50厘米~100厘米之间，深度一般为20厘米~50厘米。墓圹较小，骨架无存，葬具不详。随葬品有置于墓底的，也有置于填土中高出墓地的；有置于墓室一端的，也有置于中部的。总的来讲无一定规律，有的随葬品呈碎片散置墓中，而有的随葬品显系放置之前已残缺。

屋背岭遗址是继广东博罗横岭山先秦墓地后的又一重要发现，填补了珠江三角洲及港澳地区陶器编年的一段空白，树立起该阶段的年代标尺，刷新了对珠江三角洲及港澳地区的本地文化特色和文化交流的认识，改变了人们在珠江三角洲和珠江口地区对史前、先秦时期聚落特点的认识。

3. 咸头岭新石器时代遗址

咸头岭遗址位于深圳东南部大鹏街道办事处咸头岭村，面积30 000平方米。该遗址是1981年在考古普查中发现的，出土的遗存有新石器时代和商时期的，其中新石器时代的遗存最为重要。根据碳十四测定的数据，该遗址应距今6000年~7000年。

新石器时代的重要遗迹主要有灶、立石、建筑基址以及大面积的红烧土面等。出土陶器以夹砂陶为主，主要器类包括釜、碗、支脚和器座；泥质陶多为白陶和彩陶，还有少量的磨光黑陶，器类有罐、杯、盘、豆、钵等。石器则有锛、拍、砧、石饼、砺石等。

商时期的陶器也以夹砂陶为主，器类主要是折沿或盘口釜等，多饰粗绳纹，少量饰菱格纹；泥质陶多呈灰色和灰黑色，也有浅黄色和白色的，器类主要包括罐、钵、圜底大口尊和纺轮等，器外表饰有雷纹、菱格纹、曲折纹、重圈纹和方格纹等。石器种类有锛、镞、砺石等。

对遗址的考古研究，为珠江三角洲地区距今6000年前后至近7000年间考古学文化的分期、断代树立了一个重要的标尺。另外，距今7000年的遗物是珠江三角洲地区发现的，有准确测年的人类最早的遗物，这些遗物为探寻珠江三角洲地区的古文化之源提供了重要的线索。

咸头岭遗址新石器时代遗存的分期和年代研究，必将推进咸头岭文化的研究水平。测定表明，咸头岭出土的器物是6000年至7000年前新石器时代中期岭南人的杰作，从而将珠江文明的历史推至距今7000年前。

文物

4. 大鹏古城

大鹏古城即大鹏所城，位于深圳东部龙岗区大鹏镇鹏城村，占地11万平方米，始建于明洪武二十七年（1394），是深圳目前唯一的国家级重点文物保护单位。当年大鹏所城占地约10万平方米，城墙高6米、长1200米，由山麻石、青石砖砌成。深圳今天的简称"鹏城"即源于此。

大鹏守御千户所置于明洪武十四年（1381），洪武二十七年筑城，"内外砌以砖石，沿海所城大鹏为最，周围三百二十五丈六尺，高一丈八尺"，有门楼、敌楼、护城河等。清代屡有修葺。城平面呈不规则四边形，城内有3条主要街道，分别为东门街、南门街和正街，主要建筑有左营署、参将府、守备署、军装局、火药局、关帝庙、赵公祠、天后庙等。原有格局基本保留，东、西、南三城门仍保存完好。城内现存主要建筑物有振威将军第、刘起龙将军第等，建筑规模宏伟，保存完好。

大鹏所城原为防御海盗、倭寇侵扰而设，清初为大鹏所防守营，康熙年间（1662-1722）又改为大鹏水师营，成为一个管辖珠江外洋东部海路的海防军事机构。在海上要塞设有九汛，后又增建南头、大屿山等4座炮台。鸦片战争期间，在抗击英国侵略军方面发挥了重要作用。大鹏所城是广东保存较好的一处所城旧址，其建筑主要包括城门楼、将军第、民居等部分。

（1）城门楼

大鹏所城为"广州左卫千户张斌开筑，内外砌以砖石。沿海所城，大鹏为最，周围三百二十五丈，高一丈八尺，面广六尺，址广一丈四尺，门楼四，敌楼如之，警铺一十六，雉堞六百五十四。东、西、南三面环水，濠周迥三百九十八丈，阔一丈五尺，深一丈。"（见康熙《新安县志·地理志》城池条）。大鹏城自建成以来，经历多次战火和风雨沧桑，曾多次修葺：康熙十年（1671）八月二十一日，一场罕见的飓风袭击了大鹏城，毁坏了城楼4座，城角窝铺4间，雉堞58个，后知县李可成、大鹏营守备马玉成等捐助修复。康熙二十年（1681）以后，城里建筑日渐朽破，各任知县相继修补，但终因年深日久，"东、南、西、北四座城楼及城墙、马道、垛子日渐倾圮。"

近百年来，大鹏所城没有驻军，成为一处民居。现古城雄姿依旧，除北门在万历年间被堵塞外，大鹏所城尚保留有东、南、西三门及东北部分城墙。

（2）将军第

将军第位于古城南门街内，是一座清代中叶典型的四合院建筑群，是清道光年间福建水师提督刘起龙将军的府第。该府第呈不规则梯形，东墙长18米，西墙长30米，宽30米，建筑面积510平方米，门首横额匾题"将军第"三个楷书。将军第平面布局为侧门内进，当心间为住宅，三进三间，二厅、一天井、六厢房。左为后院，内有前后厢房四个、天井一个。前有长廊，当心间与后院有门相通，地面铺砖。墙石脚青砖结构，木架梁、石柱础。屋顶结构为硬山顶，中有灰脊，檐板雕刻花鸟草木、人物故事等题材画。将军第保存完好，整体布局如旧。1984年，深圳市人民政府将刘起龙将军第公布为重点文物保护单位。

（3）民居

大鹏所城有近100 000平方米的明清民居建筑群，古建筑鳞次栉比、古色古香。其街道格局、民居风格都是明清时期遗存，其中窄街小巷，石板铺就，或大厅大堂，或小门小窗。据调查统计，城内具有重要文物价值的民居建筑十七座（间）。

大鹏古城雄伟庄重、风格古朴的城门（南门、东门、西门）和明清时期的民居保存完好；狭窄蜿蜒的小巷以青石板铺就，宁静古朴；数座建筑宏伟、独具特色的清代"将军第"有序分布。从这些民居的特点来看，具有广府和客家两处民居的综合特点。

民 居

5. 宝安西乡铁仔山古墓

铁仔山古墓群位于宝安区西乡街道臣田铁仔山公园南坡，紧靠107国道。铁仔山古墓群被称为国内规模最大、横跨历史朝代最多、埋葬最为密集的古代墓葬群。

自1983年以来，深圳考古工作者先后在铁仔山南坡山脚下（今华宝饲料厂内）抢救发掘了汉代至明清时期的各类古墓葬130多座，发现了熹平四年（175）的东汉墓，出土了东汉人头印纹砖和铜镜等一批重要文物。

2000年再次对铁仔山进行了抢救性发掘，发掘面积2300平方米，清理了自东晋至明清时代的墓葬224座，其中东晋至南朝墓葬60余座、宋墓4座，其余为明清墓葬。出土陶瓷、铜器、铁器、玉器等各类随葬品300余件，取得丰硕成果。

该遗址中东晋纪年砖的发现对于研究和确定深圳早期历史、早期移民史等具有重要意义，也为研究古代深圳的政治、经济、文化、民俗等提供了丰富的实物资料。

宝安西乡铁仔山古墓

6. 虔贞女校

虔贞女校建于清朝光绪四年（1878），位于龙华大浪辖区浪口社区东北角。这所历经130年风雨的女校是一座砖木结构的青灰色尖顶两层小楼，两米多高的泥沙墙将小楼四面围合，校门高大气派，"虔贞学校"四个大字依稀可辨。

虔贞女校在鼎盛时期学生达数百人之多，因场地有限，校方实行"复式教学"，即不同年级的学生在同一间教室上课。

虔贞女校的教学质量远近闻名，从这里毕业的学生到附近其他中学读书都是免试的。1985年，虔贞学校停办后，曾被改造成一家工厂的厂房，后来又成了施工队的工棚。直到近年才引起有关部门的重视，由专门人员清理院内的卫生，并采取了封闭保护措施。

虔贞女校

7. 大梅沙春秋时期墓群遗址

该墓群于1982年在大梅沙海边堤上发现，1992年、1993年分两次发掘，发掘面积2405平方米。墓葬均为长方形竖穴，方向北偏东，长2.3米～4.5米，有的在近墓底中间挖一个直径和深度约20厘米的小坑。出土的随葬品有39件，其中有11件青铜器、21件陶器、7件石器。其中，M6墓葬随葬品最多，共出土4件青铜器、3件陶器和2件石器，表明当时财富多寡差别较大，男女分工明确，族群之间可能还经常发生争斗。

该遗址在当时是广东发掘面积最大的沙丘遗址，发现的墓葬和青铜器数量在广东沙丘遗址中也是空前的，并填补了广东考古编年的空白，为研究此时期的社会状况及古越民俗等提供了不可多得的宝贵资料。

8. 鹤湖新居遗址

鹤湖新居为广东省省级文物保护单位，是中国目前规模最大的客家民居建筑群，是深圳现存300多座客家围中保存最完整、最具代表性的一座。鹤湖新居内有300多间居室，最多的时候容纳了1000余人居住。

鹤湖新居始建于清朝乾隆年间，占地约2.48万平方米，是客家人开发深圳东部地区的历史见证，为研究深圳历史、文化、民俗和建筑等提供了重要的依据，现为深圳市重点文物保护单位。多年来，龙岗区对其加大保护力度，使之逐渐重现200年前的神韵。如今的鹤湖新居围墙高大坚固，月池整洁明净，古树苍劲雍容，人们置身其中，蓦然间仿佛穿越时空，重回历史，浸润在宁静而神秘的意境中。

鹤湖新居遗址

9. 东晋黄舒墓遗址

2001年，黄舒墓在沙井街道步涌村被发现。黄舒是东晋人，因孝而闻名，事迹最早记载于《南越志》。黄舒孝顺父母，本地人和中原移民都很钦佩他，夸他像战国时期的大孝子曾参，因而将他居住的地方改名为参里，将他家旁边的山命名为参里山。据清代王崇熙的《新安县志》记载："黄舒，字展公，父教始迁莞，事亲志孝，家贫力业。"

历代《东莞县志》《宝安县志》《新安县志》都把黄舒排在"乡贤"或"孝友"类人物的首位。黄舒的孝行感动着世世代代的深圳人。清初，他的住所被尊为"新安八景"之一，本地民众还为其修建了祠堂和牌楼。明代万历元年（1573），本地士绅潘甲第和汪桂等人在新安县三都的大钟山下为其修建了黄孝子祠。清代东门外乡贤祠也供奉黄舒等人。宝安区新安上合村的黄氏宗祠内如今保留有清代建筑风格的孝行流芳牌楼，其联曰："西晋伦常南粤是，六年庐墓一生心。"

东晋黄舒墓遗址

10. 中英街遗址

约1830年，沙头角横头街一带开辟墟市，这是中英街形成之前沙头角古镇最热闹的地方。英国依据1898年签订的不平等条约——《展拓香港界址专条》，在沙头角河床划界。1905年，港英政府在港深边境共竖立了20块界碑，其中第1至8号界碑分布在中英街。

中英街由梧桐山流向大鹏湾的小河河床淤积成，原名鹭鹚径，长不足500米，宽不够7米，街心以"界碑石"为界，街边商店林立，有来自五大洲的产品，品种十分齐全。

1997年香港回归前，街东侧属中方，街西侧属英方。1997年回归后东侧属深圳，西侧属香港。

中英街遗址

第三节 深圳古村落

1. 甘坑客家小镇

甘坑村位于深圳市龙岗区，是一个有着悠久历史的古老村庄。350多年前，甘坑村的始祖、梅州的客家人谢文明和卓美发看中了这里的自然环境，便在此定居并繁衍生息。

甘坑村里，客家民居众多，依山傍水，房连巷通，错落有致，犹如画卷。更有炮楼、碉楼、骑楼、吊脚楼等风情建筑融于山水之中，与几百年的客家老屋形成一种独特的客家文化载体。

2017年7月，甘坑客家小镇入选首批国家级文旅特色小镇，这是一个集深圳本土民俗、田园休闲、生态度假、文化展示、科普教育为一体的多元复合型旅游目的地，也是了解深圳原住民文化的一个重要窗口。

甘坑客家小镇

2. 观澜版画村

观澜版画村，深圳十大客家古村落之一，位于中国新兴木刻运动的先驱者、著名版画家、美术理论家陈烟桥的故乡——深圳市龙华区观澜街道牛湖社区，其建筑风格为典型的客家排屋形式。

观澜版画村总规划面积达140万平方米，其中中心区面积31.6万平方米。版画村和客家古村落融合，将客家文化主题融合到现代景观元素中，建立相对完善的市场化运作机制，是一个配套设施完善、环境优美，具有良好社会、经济效益的国家级文化产业示范基地。它把现代版画工坊与客家古村落结合起来，形成了别具特色的文化元素，也给艺术家的创作提供了思想的源泉。

观澜版画村

3. 大万世居

大万世居，深圳十大客家古村落（古民居）之一，坐落在深圳市坪山区大万路33号坪环社区西南的客家村，为古堡式客家围屋建筑。大万世居建于清朝乾隆年间（1736-1795），规模宏大，占地1.5万平方米，是全国最大的方形客家围之一。

大万世居平面呈方形，四角建有炮楼，正面有大六楼，均与高高的围墙相连，围墙上有走马廊相通。围龙屋大门向南，门楼上塑有"大万世居"4个大字。大门前为禾坪，再前是月形池塘，禾坪侧仍保留有旗杆石。

据曾氏族人介绍，村里每年都要举办盆菜宴，各地族人、祖籍本村的香港同胞都会赶回来参加，同时大万族人会举行祭祖、舞麒麟等活动，热闹非凡。

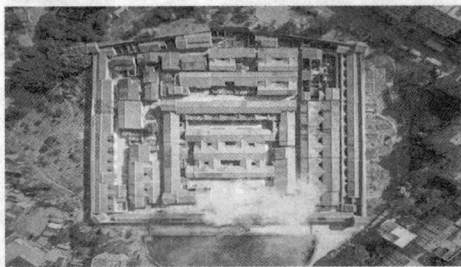

大万世居

4. 茂盛世居

茂盛世居位于深圳市横岗街道茂盛路，是典型的客家围屋，是客家人特有的、融多功能于一体的建筑，为中国五大民居之一。茂盛世居建于清道光年间，迄今已有190多年的历史，是目前深圳地区保存最为完整的大型客家民居古建筑，广东省级文物保护单位。围屋中的住房基本上保持原貌，围前的月池和围后的风水林也被完整地保留了下来，这在深圳现存的围屋中并不多见。

村因商号而得名，"茂盛世居"早已成为了茂盛村的代名词。从茂盛村委穿过一条马路便到了村里的老屋，也就是曾经的老村——茂盛世居。见到的第一眼，令人惊异于在深圳这座现代化的都市中还有这么古老的客家民居，一座经历近200年风风雨雨的客家围屋保存得依然完整。茂盛世居是何氏客家人著名的围屋。茂盛何氏族谱记载，200余年前，何氏维松、维柏两兄弟从原籍兴宁县永和乡炉铺岭村来到横岗创业，清道光年间始建茂盛大屋。他们从蓄豆芽、磨豆腐、卖烧酒、肩挑小生意做起，继而开货栈、建酒坊、养猪屠宰综合经营，在横岗圩创办"茂盛"商号。经过多年拼搏，终成横岗大富之一。清道光年间动工兴建茂盛大屋，从动工到落成历时十三载，何氏兄弟聘请有名"神行"（当时的土建工程师）组织数十名能工巧匠施工，一时远近闻名，落成时是横岗当地的一大盛事。一间商号成就了一座宏伟大屋，一个村落因此而得名，由此可见"茂盛"商号在当时、当地是何等的风光。

茂盛世居

茂盛世居朝西南而建，屋前有一个300多平方米的半月形池塘，形似一把箭在弦上的满弓。屋后据说曾有数十亩葱郁的山林，古树参天，现在缩小变成了一个小公园，却依然林荫茂盛。茂盛世居为人们了解古代客家民居讲究地理风水的居住文化，以及客家民居建筑的整体风貌提供了弥足珍贵的文化遗产。

5. 沙鱼涌

沙鱼涌位于深圳市大鹏新区葵涌街道办土洋村，地处沙鱼涌河出海口的南岸边上，出海口的南边是一个海滩，叫东芬海滩。2014年启动改造后的沙鱼涌村将重现海关、码头和客家民居、街巷的原貌，成为深圳东部融合客家古村文化、红色革命传统教育和滨海生态旅游的"世外桃源"。沙鱼涌村本地原住村民是客家人，原村民大都已经外迁，只留下少部分村民在村里经营民宿生意。现在村内捕鱼的渔民很多是汕尾人。

沙鱼涌村坐落在山脚一方伸出的平地上，沙鱼涌河环村流过直通向海。沙鱼涌村两面临山，一面临海，另一面有离高速路相距几十米的斜坡落差，斜坡上长满了葱绿茂盛的树木，静得听得到海鸟扑翅的扑拉声。比起节奏紧张、混凝土堆积的嘈杂都市，沙鱼涌村低调、悠闲、宁静，青翠环绕，不失为一个休闲娱乐的好地方。

沙鱼涌

6. 高岭古村

该村落位于深圳南澳七娘山北侧东风岭的岭背山上，海拔200米，为大鹏半岛历史价值村落中初始风貌保存最为完好的客家村落。400年前，一对来自福建客家祖地的周姓夫妇在这里落地生根，开枝散叶。村落占地约30 000平方米，现有旧宅68户。石板坚实的三盛桥、把守村道的旧碉楼、西洋风格的小学校、深圳最早的自来水系统、古风犹存的客家民居、完好朴实的周氏祠堂，构成了400年的高岭古村。

而在20世纪90年代初，村民因交通不便陆续迁出，在山下新建村落，命名为"高岭新村"，原来的村落则被称为"高岭古村"。逢年过节，部分村民还是会回到古村祭奠先祖，追忆往日生活。

7. 黄麻布村

黄麻布村，原称黄麻埔，为一罗姓客家古村，地处深圳市宝安区西乡街道最北部，凤凰山东麓，占地12 424平方米。原为俞姓广府人聚居，清初禁海时迁徙他处，现为罗姓家族居住。古村保存比较完好，现有古建筑22栋53间，书室1座、碉楼3座、基督教堂1间、天主教堂1间。宝安区现存古村落40余处，主要分为客家排屋式、广府围屋式及排屋与围屋混合式三种类型。其中，仅有少数古村落保存相对完整，黄麻布村就是其中之一。

面对着担水河，黄麻布古村的老房是沿着树山脚下一溜建立起来的。1999年9月25日至2000年12月31日，深圳市文物管理委员会开展全市第二次文物普查。宝安区文物普查从2000年5月10日开始，至10月8日结束，历时近4个月，发现一批新石器时代古文化遗址。其中位于西乡镇黄麻布村东大王黄田山，总面积1500平方米。在地面调查中采集到磨制石斧1件，夹砂灰黑素面陶20余片，可辨器形有罐。由此可见，早在新石器时代黄麻布村一带就有人类活动的迹象。

附　录

黄斌胜老师开设的"深圳市教师继续教育专业科目"教学大纲

◆ 深圳本土课程资源在中学历史教学中的应用 ◆

一、说明

（一）课程性质

本课程为深圳市中小学教师继续教育专业科目课程，主要针对中学历史教师开设，力图解决如何开发本土历史课程资源，应用于中学历史教学的问题。

课程资源开发利用是课程改革实施的必备条件。《义务教育历史课程标准（2011年版）》强调："教师要强化历史课程资源意识，因地制宜地开发和有效利用各种课程资源。"《普通高中历史课程标准（2003年版）》指出："鼓励和提倡不同地区和学校结合自己的实际情况，因地制宜地利用和开发历史课程资源。"在地域文化视角下，本土历史课程资源的开发利用有利于课堂教学方式向着以学生为主体的方向转变；有利于开发校本课程，完善课程体系；有利于培养学生的综合素养，形成正确的历史观，增强历史时空观念，培养学生的观察能力和历史思维。

本课程的开设有利于增强中学历史教师的课程资源开发意识，促进他们大力开发利用本土历史课程资源；有利于梳理深圳本土的中学历史课程资源，探讨基于本土课程资源利用的课堂教学模式，改进中学历史课堂教学的形态。

（二）教学目的

本课程的教学涉及理论学习、资源整理、课例研讨、教学设计等诸多方面。力求达到以下目的：

（1）通过理论阐述，让学员掌握课程资源的概念及其分类。

（2）通过课例观摩和研讨，让学员认识本土课程资源在中学历史教学中的价值。

（3）展示研究成果，让学员了解深圳本土的中学历史课程资源概况。

（4）结合学科教学，教师和学员共同分析深圳本土课程资源与中学历史教学的关联性。

（5）探究口述历史教学、影像历史教学模式如何利用本土历史课程资源，帮助学员在课堂教学中应用本土课程资源，进而增强课程资源开发意识，提高课堂教学效能。

（三）教学内容

本课程的体系结构清晰，内容重点突出，既有理论性的阐述，也有实际问题的探究，还有课堂教学实践层面的互动。本课程的教学主要包括以下内容：

1. 课程资源的概念及分类

（1）课程资源的概念。

（2）课程资源的分类。

（3）课程资源的开发利用对于课程教学的价值。

2. 本土课程资源在中学历史教学中的应用

（1）什么是本土课程资源。

（2）本土课程资源对于中学历史课堂教学的作用。

（3）本土课程资源应用于中学历史课堂教学的基本原则。

3. 深圳本土的中学历史课程资源概况

（1）时间上的分布。

（2）地域上的分布。

（3）重要的历史遗存。

（4）重要的博物馆。

（5）重要的口述历史资料。

4. 深圳本土课程资源与中学历史教学的关联性

（1）义务教育阶段历史教学可资利用的本土课程资源介绍。

（2）普通高中阶段历史教学可资利用的本土课程资源介绍。

5. 探究口述历史教学、影像赏析如何利用本土历史课程资源

（1）口述历史教学课例展示和评析。

（2）影像赏析历史教学模式的探讨。

（3）学员就课例展开研讨和反馈。

6. 作业和测试

学员交纳有关本地历史课程资源利用的课例（教学设计）或论文。

（四）总共学时

共6学时。

（五）教学方式

教师进行理论讲述，展示课程资源和课例，学员参与问题讨论和课例研讨。

二、本文

第一章　课程资源的概念及分类

教学要点：

（1）课程资源的概念。

（2）课程资源的分类。

（3）课程资源的开发利用对于课程教学的价值。

学时安排：

1学时。

教学内容：

阐述课程资源的概念，分析课程资源的分类依据和类别划分，论述课程资源的教育价值。

考核要求：

学员默会。

第二章　本土课程资源在中学历史教学中的应用

教学要点：

（1）什么是本土课程资源。

（2）本土课程资源对于中学历史课堂教学的作用。

（3）本土课程资源应用于中学历史课堂教学的基本原则。

学时安排：

1学时。

教学内容：

理解本土课程资源的含义，认识本土课程资源在中学历史课堂教学中的作用，通过课例探讨，总结归纳中学历史课堂教学中应用本土课程资源的基本原则。

考核要求：

课堂测试。

第三章　深圳本土的中学历史课程资源概况

教学要点：

（1）本土历史课程资源在时间上的分布。

（2）本土历史课程资源在地域上的分布。

（3）重要的历史遗存。

（4）重要的博物馆。

（5）重要的口述历史资料。

学时安排：

1学时。

教学内容：

介绍深圳地区的历史课程资源分布；从时间和空间上梳理基本概况，然后介绍重要的历史遗存和博物馆设施；展示一些重要的口述历史资料。

考核要求：

学员在课堂参与介绍。

第四章　深圳本土课程资源与中学历史教学的关联性

教学要点：

（1）义务教育阶段历史教学可资利用的本土课程资源介绍。

（2）普通高中阶段历史教学可资利用的本土课程资源介绍。

学时安排：

1学时。

教学内容：

以双向细目表的形式，列举不同学段的中学历史课程中与之相关的深圳本土课程资源。

考核要求：

学员在课堂上参与充实有关内容。

第五章　口述历史教学、影像赏析教学如何利用本土历史课程资源

教学要点：

（1）口述历史教学课例展示和评析。

（2）影像赏析历史教学模式的探讨。

（3）学员就课例展开研讨和反馈。

学时安排：

2学时。

教学内容：

教师展示口述历史教学和影像赏析历史教学的范例，包括录像和教学设计，并且进行评析。要求学员参与研讨和反馈，共同探讨在课堂教学中如何利用好本土历史课程资源。本章内容的设计在于让理论为主的学习转化为教学实践层面的感悟和行动。

考核要求：

学员交纳有关本地历史课程资源利用的课例（教学设计）或论文。

三、参考书目

［1］中华人民共和国教育部制订.普通高中历史课程标准（实验）［M］.北京：人民教育出版社，2003.

［2］范兆雄.课程资源概论［M］.北京：中国社会科学出版社，2002.

［3］小威廉姆·E·多尔著，王红宇译.后现代课程观［M］.北京：教育科学出版社，2000.

［4］王守丽.高中历史课程乡土资源的开发利用［D］.长春：东北师范大学，2014.

［5］陈海滨.深圳古代史［M］.深圳：深圳报业集团出版社，2015.

［6］王京生.深圳十大观念［M］.深圳：海天出版社，2013.

四、本课程使用教具和现代教育技术的指导性意见

本课程的教学需要使用多媒体教学平台，该平台应该能够运行Microsoft Office软件，并能够播放AVI格式及MP3格式的视频、音频文件。

深圳市万科天誉学校课外活动实录

·◆ 《深圳改革开放史图片展》送展到校活动 ◆·

为追溯深圳改革开放的历史，激发学生对今天幸福生活的感恩，我校历史文化创意课程开发组特携手深圳博物馆及志愿者团队，结合我校家长开放周，开展为期一周的"时光隧道·探古深圳"——《深圳改革开放史图片展》送展到校活动，让师生、家长都能近距离参观展览。

2016年12月12日和14日，深圳博物馆教育推广部刘琨主任、饶珊轶带领志愿者团队一行莅临我校，我校副校长赵艳欣、历史文化创意课程开发组兼活动负责人马晓霞老师热情接待，双方就历史文化创意课程的开发与合作做了初步交流，探讨了博物馆教育与学校课堂教育合作的议题，最后互赠课程资源，期待未来有更多、更深的合作。

深博志愿者张勇刚为实习教师讲解

有感而发

我和历史文创社的同学一起听了博物馆的姐姐给我们讲解深圳改革开放的历史，让我了解到科技如雨后春笋，当年的边陲小镇现已变得与东方明珠一般璀璨夺目。也让我知道，知识能够改变命运、改变未来，甚至改变世界，所以我们应该刻苦学习，发奋图强，争取得到一个美好的未来！（天誉实验学校学

生代表　七年级（3）班杜佳）

　　天誉实验学校"快乐学习"的理念让我印象深刻。如何让学生真正快乐地学习，也是博物馆应该思考的问题之一。希望学校和博物馆有机会携手进行探索和试验。深圳博物馆的大门永远为学生敞开，欢迎更多的学生、老师和家长走进博物馆，来体验历史、人文、艺术的魅力。（深圳博物馆教育推广部主任刘琨）

　　我们将博物馆的改革开放展览送到校园，也是博物馆与学校相结合，对青少年的教育意义非常重大。通过我们讲解36年来深圳的变化，让每个生活在深圳的学生对这座城市有更加深刻地认识，志愿者也在这样的活动中获得锻炼，我们的展览也是融入学校教育体系的一个探索模式。（深圳博物馆志愿者管理委员会主任张婕）

　　感谢深博刘主任、饶老师以及各位志愿者到天誉的讲解，教师和学生都反应受益匪浅！希望我校和深博能建立长期合作关系！（天誉实验学校副校长赵艳欣）

　　非常感谢深博为我校送来了如此有价值的深圳改革开放史展览。我们常常说，我们生活的这座城市——深圳是"移民城市"，以至于学生甚至家长、教师都觉得深圳是个"历史文化沙漠"。人与人之间没有太多的关联，有的只是冷淡。但是现在的学生几乎都是在深圳出生、长大的，这座城市就是他们的"家乡"。设想一下，假如学生对这座城市没有一点认同感，那是多么可悲的事情！作为历史教师，我有强烈的历史使命帮助学生了解他们生活的地方的历史，这就是本次活动的初衷。希望能与深圳博物馆一起走出一条教育与文博知识融会贯通的、培养新一代的创新之路，让我们携手共进！（天誉实验学校历史教师活动负责人马晓霞）

　　尤记得在看展之前，深圳博物馆的工作人员告诉大家："在中国，5000年看西安，1000年看北京，100年看上海，30年看深圳。"在这次《深圳改革开放图片展》中，既看到了深圳过去的发展缩影，又看到了深圳的当下与未来，让我们对这座城市有了更深入地了解，获益匪浅。（天誉实验学校实习教师代表张婷婷、张钰婷）

罗湖外语学校"钩沉杯"口述史
记录大赛作品选

◆ 漂洋过海 ◆

历史纪实

展开中国地图,潮汕地处东南一角,北有山,南临海,居于粤之东,距离省城广州近500里。潮汕境内虽有富饶的潮汕平原,但生存环境并不易,常有台风与地震威胁,加上地少人多,人均可耕地不到三分田,故我们那里有"种田如绣花"的说法。因此,不少潮汕人仰仗海洋,靠海吃饭,耕海、冒险、海神崇拜等海洋文化甚为发达。我的曾祖父也有着同样的信仰。

闯关东、走西口、下南洋,这是中华儿女在中国近现代史上的三大移民壮举,其移民人口之多、涉及地域之广世界罕见。与闯关东、走西口的"国"内移民不同的是,下南洋是面向海外移民,其移民人口之多、时间跨度之长也远远超过前两者。他们在发展所在国家经济的同时,也极大地促进了我们国家与东南亚的经济文化交流。

树木扶持藤蔓,雨露润泽万物。今天是立春,我们一家人煮茗闲谈,屋中情意浓浓。我们卸去了一天的疲惫,围坐曾祖母和爷爷跟前听他们娓娓叙述那漂洋过海的故事……

日久他乡即故乡

曾祖父那辈的潮汕先民坐上"红头船",漂洋过海到异国他乡艰辛创业。所谓的"红头船"就是潮州与东南亚的远洋帆船队,船员几乎全是中国人,朱说乾隆年间就有,因为船头刷朱红色,所以俗称"红头船"。大约在19世纪30年代中后期,曾祖父刚结婚没多久就去泰国了。红头船出航,往往是结伴而行的,因为当时沿海常有海盗活动。这一点,我们潮汕人有许多信条,最常说的一句话是"打虎要有好兄弟"，还有"在家靠父兄，出门靠朋友"等。曾祖父当时是和隔壁的黄老五一起去的。

为了能生存，他们当时也都是做最苦、最累没人愿意去干的活。曾祖父和一同去泰国的几个伙伴一开始在码头帮别人卸货，当时大都是西方商船，等这些船一一靠岸的时候，他们要先帮忙放下船帆抛锚，有的只用粗绳绑在码头的石墩上。他们干这一行干了许久，为了使索然无味的生活有些乐趣，他们会唱着潮汕小调："无钱无米无奈何，背个包袱过暹罗。火船一到七洲洋，回头再望我家乡。父母嬷子个个哭，哭到我心如着枪。""暹罗船，水迢迢，会生会死在今朝。过番若是赚无食，变做番鬼恨难消。"这些小调很好地体现了当时曾祖父那辈的生活阅历与感受。

下午是码头最热闹的时候，码头周边的脚力们大喊"来搬船货噢"，他们就习惯地把货物顶在头背上，弯着腰哼哈地一步一步登上石阶，穿过船巷，运向行里（当时的批发店）。干完活，街上各角落的小吃摊贩或挑担子、或提篮子陆续地来到码头做买卖，都是一些潮汕的小吃：麻糍、豆花、芋包、菜果炸、葱油果、咸包、米糕等。小贩们是不会大声吆喝叫卖的，因为这家乡的味道已为曾祖父他们所熟知。闲暇时他们会自己下海捉鱼，有时钓起来的鱼多，就把鱼晒干做三餐用，这样可以给家里多寄钱。

二战时，因为日本侵占东南亚地区，泰国的很多码头被迫关闭，又回不了潮汕，他们就在街头挑着担卖水果，每天只赚两三角，只能吃上一餐，晚上睡在无片瓦遮蔽的街头，最后辗转到华人开的染坊，日子才渐渐好了些。

愿得一心人，白首不分离

这里首先说一下"侨批"，这一名称来自我们的潮汕方言。我们称信为"批"，寄信称寄"批"。侨批就好像今天的信件和汇款的结合，就是"银信合封"这样的特征。在18、19世纪，上百万的华侨告别家人，只身下南洋闯荡，他们应该是和我曾祖父一样，就是心里只有一个念头，那就是赚钱养家。无论曾祖父在南洋的日子有多艰难，哪怕只攒下1元钱也要按月准时寄回家，他当时就是通过这种特殊的汇款方式来养家糊口。听了曾祖母和爷爷的讲述，了解到新中国成立前潮侨民漂洋过海的艰难与不易。的确，漂洋过海的潮汕侨民批不仅仅是一张张汇款凭证，更是100多年来潮汕社会历史的重要见证，它在近代的潮汕历史文化发展进程中有着特殊的地位和意义。

爷爷说每次曾祖母收到曾祖父的侨批，就是曾祖母笑得最开心的时候。曾祖母还曾带过爷爷去澄海拿侨批，但当时山路泥泞，通常天还没亮就要出发，一直步行去澄海的批局拿侨批，这通常要花费一整天的时间，虽然每次拿回来都又累又饿，但是这也是两三个月来最开心的时候。爷爷说大约两三个月收到一次侨批，有时甚至要四五个月。

曾祖父和曾祖母的家就是依靠侨批维系的。因为当时曾祖父下南洋时，他们才新婚不久，曾祖母肚子里刚怀上我爷爷。曾祖母虽不舍，但也鼓励曾祖父去闯荡。曾祖母本人是个很地道的潮汕女人，拥有潮汕女人共有的优点：坚韧、勤奋、顾家。她一个人支撑起一个家，每天早上天未亮就起来干活，先是打扫屋子去河边洗衣，后是下田锄地，接着纺织教子。这些粗活、细活她样样都做得好。即使她只能长期与曾祖父通过侨批来交流，但这并不影响她对曾祖父的日思夜想。终于，在新中国成立后不久，曾祖父历尽千辛万苦归来。爷爷告诉我，当时他正在田里干活，听到远远有人叫他崽儿还向他招手，后来他才得知那是他素未谋面的父亲。听爷爷回忆，曾祖母当时见到曾祖父激动得无法用言语表达。

不过曾祖父这充满戏剧的人生也令我唏嘘不已，因为曾祖父在泰国有自己的事业，在一次去泰国工作中病逝，他走前特别吩咐要把自己的骨灰送回家乡落葬，而且临走前只说了一句："要帮我好好照顾莲心（我曾祖母的名字）。"后来，大家遵照他的遗言送回故安葬。我想，这世上再美的风景都不及回家的那段路。曾祖父母虽容颜改，但这也无法阻止他们之间的感情，虽然他们分开许久，但是他们的心始终互相体谅对方、爱护对方。而且曾祖母说，曾祖父的骨灰回归故土，她就觉得他们一直都是在一起，没有分开。我觉得他们很好地诠释了"愿得一心人，白首不分离"。

继承者们，光宗耀祖

在我们的传统中，家族繁衍的历史久迹。是什么赋予"家族"如此顽强的生命力呢？而这种生命力又是如何在南洋的舞台上扎根蓬勃？这份蓬勃的背后又是什么？血缘！我想这才是炎黄子孙、华夏儿女最大的信仰。

曾祖父他们那辈用辛苦所得奉养亲人，若有小积蓄，就寄回家乡买田置屋；如若有大积蓄，就回乡建大屋祠堂，海内外联号做生意，赈灾救难，修桥铺路，这是我们潮汕人最光宗耀祖的事了。

潮侨之所以能成功，我觉得是因为他们勤劳拼搏与冒险开拓之精神，当然还有一个更重要的一个因素就是继承，这也是我们中国人优良传统的继承！

最后我想以潮汕歌谣来结束故事。这首歌谣是侨二代在异国他乡的感受，无论多辛苦都不会忘记自己是中国人，有一颗中国心。

"阿公阿嬷唐山来，有路无厝（房子），有厝无门牌，直直行入马达（东南亚人）厝，无知马达说咩该，三年刻苦日夜做，哈里哈里老是学，入乡随俗是应该，面皮厚厚来咀恁知……"

历史感悟

本着对历史真实性的负责，我查阅了相关资料。

中国人移居国外可追溯到两千多年以前的古代。早在秦汉时期，中国已有"丝绸之路"通往西域，有船舶东航日本，其中就有人留居他乡。进入唐代，才有较多的中国人定居国外，这可视为华侨史的开端。纵观1300多年来中国人移民海外的历史，大体可分为四个时期：第一个时期，从唐代到南宋；第二个时期，从元代至清代中叶；第三个时期，从鸦片战争到新中国成立前夕；第四个时期，从1949年中华人民共和国成立到90年代。

我的曾祖父去东南亚打工是第三个时期。

潮侨之成功者，无不具有勤劳拼搏与冒险开拓之精神。潮侨之成功，还有一个重要因素是团结互助。在潮州府大地上生活的本地人统称为潮州人（或潮汕人）。但由于种种原因或行政分割等问题，他们分布于不同的地区或城市，有潮州人、揭阳人、汕头人，而揭阳人又包括普宁人、潮阳人、澄海人等。但是我们都称自己为潮州人，我们血液中的血是潮州人的血，这是我们潮州人永远改变不了的事实。在海内外的潮州人，经过多少代，他们还是称自己是潮州人，这是为何？这是根，这是我们中国人的优良传统，所以才会结伴漂洋过海，互相扶持。

在爷爷收藏的侨批中，我还看到了其他祖辈的侨批。侨批所储存的丰富历史信息中，还显示了中华民族前赴后继、不畏强暴、自强不息的民族精神，显示了中华民族的民族气节。特别是抗日战争时期的一封封侨批，就像一个个画面，组合成一部历史"纪录片"，记录了那段令人刻骨铭心的历史，再现了当年海外侨胞艰苦创业、心系桑梓，与祖国同呼吸、共命运的高尚情怀。

这些侨批产生至结束，从19世纪50年代最初形式的投款托书起，至1979年侨批局并入国家银行告终，前后约经150年。侨批是潮州侨属一个深刻着的烙印，因为它曾是海外侨胞向故里乡亲寄送侨汇、传达信息的凭证，记录了侨胞们昔日的艰辛岁月和爱国情怀。

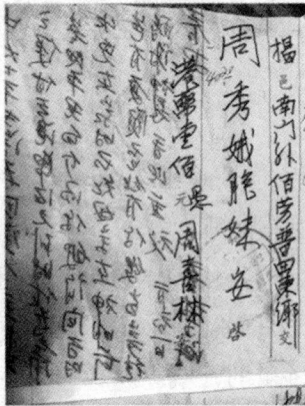

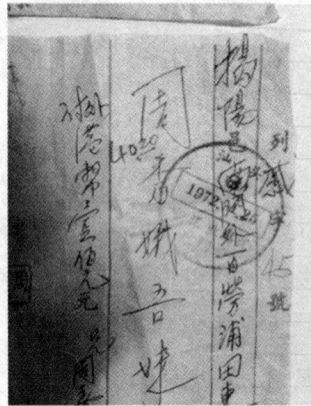

我家珍藏的侨批

平湖中学王英俊老师开发的深圳市"好课程"《深圳非物质文化遗产概览》资料

第一章 初识深圳"非遗"

导语提示：

我们要很好的传承和弘扬中华民族的优秀文化传统，因为这是我们民族的
'根'和'魂'，丢了这个'根'和'魂'就没有根基了。非物质文化遗产就
是我们传统文化的珍贵记忆，是人类文明的基石。广东深圳滨江临海，珠江文
化与海洋文化的碰撞交融，孕育了丰富繁荣的地域文化，仅进入国家、省级非
物质文化遗产的项目就有20多个，比如传统的红釉彩瓷（满堂红）烧制技艺、
独特的福永醒狮、下沙祭祖习俗以及梦幻的沙头角鱼灯舞，等等。今天，让我
们一同"邂逅"深圳非遗文化，让学生与美相遇，在非遗中感受这座年轻城市
的古老魅力。

第1课 何为"非物质文化遗产"

每个民族都有杰作

地大物博的中华

历史悠久的中华

回望是种神秘

展望是种辉煌

美丽的胎记

刻录黄河长江

蜿蜒的历史

璀璨的智慧

非遗久远的记忆

超越文字可考

——摘自《非遗随想》

非物质文化遗产的定义

非物质文化遗产又称口头或无形遗产，是相对于有形遗产即可传承的物质遗产而言。2003年10月17日，联合国教科文组织第32届大会通过了《保护非物质文化遗产公约》（Covention for the Safeguarding of the Intangible Cultural Heritage）。该公约详细地界定了非物质文化遗产的概念，指出："非物质文化遗产指被各社区、群体，以及个人视为其文化遗产组成部分的各种社会实践、观念表述、表现形式、知识、技能以及相关的工具、实物、手工艺品和文化场所。这种非物质文化遗产世代相传，在各社区和群体适应周围环境以及与自然和历史的互动中，被不断地再创造，为这些社区和群体提供认同感和持续感，从而增强对文化多样性和人类创造力的尊重。"

非物质文化遗产在中国又称民族民间文化、民俗文化等。2011年6月1日起正式实施的《中华人民共和国非物质文化遗产法》，结合中国国情给出中国"非遗定义"，指出："非物质文化遗产是指各族人民世代相传并视为其文化遗产组成部分的各种传统文化表现形式，以及与传统文化表现形式相关的实物和场所。"包括：

（1）传统口头文学以及作为其载体的语言；

（2）传统美术、书法、音乐、舞蹈、戏剧、曲艺和杂技；

（3）传统技艺、医药和历法；

（4）传统礼仪、节庆等民俗；

（5）传统体育和游艺；

（6）其他非物质文化遗产。

【资料卡片一】

标志解读：标志外部图形为圆形，象征着"循环，永不消失"；内部图形为方形，与外圆对应，天圆地方，表达"非物质文化遗产存在空间有极大的广阔性"；图形中心造型为古陶最早出现的纹

中国非物质文化遗产的标志

样之一的鱼纹，隐含"文"字，"文"指非物质文化遗产，而鱼生于水，寓意"中国非物质文化遗产源远流长，世代相传"；图形中心，抽象的双手上下共护于"文"字，意取"团结、和谐、细心呵护和保护非物质文化遗产、守护精神家园"的寓意。标识图形传达出古朴和质拙感，一方面反映了非物质文化遗产的生存现状，另一方面彰显了中国政府和人民保护祖国非物质文化遗产的强烈责任心和使命感，表现出中华民族团结、奋进、向前的时代精神。

【资料卡片二】

联合国教科文组织，全称联合国教育、科学及文化组织，是联合国（UN）旗下专门机构之一，1946年11月6日成立，总部设在法国巴黎。宗旨是促进教育、科学及文化方面的国际合作，以利于各国人民之间的相互了解，维护世界和平。主要设大会、执行局和秘书处三大部门。中国是联合国教科文组织创始国之一，1971年恢复在联合国的合法地位，1972年恢复在该组织的活动。

联合国教科文组织

"非遗"在中国

中国是一个文明古国，创造了灿烂辉煌、绚丽多彩的民族民间文化。据文化部统计，截至2014年年底，我国评定并公布了四批共1403项国家级非物质文化遗产名录，其中有39个项目跻身世界级非物质文化遗产，项目总数位居世界第一，包括昆曲、篆刻、古琴艺术、中国书法、中国剪纸等一大批享誉世界的中国传统文化。为加大对非物质文化遗产的保护力度，我国还构建了"国家+省+市+县"共4级保护体系，非物质文化遗产保护工作逐渐走上规范化、制度化的道路。在加强保护力度的同时，为提高人民群众对文化遗产保护重要性的认识，动员全社会共同参与、关注和保护文化遗产，增强全社会对文化遗产的保护意识，国务院决定从2006年起，每年六月的第二个星期六为我国的"文化遗产日"[①]。

---

① 2017年，经国务院批准，调整设立为"文化和自然遗产日"。

北京故宫

拉萨布达拉宫

福建土楼

川剧变脸

中国瓷器

中国剪纸

问题思考：下列哪些属于非物质文化遗产，请说明理由。

小榄菊花会

广东醒狮

剪 纸

粤 剧

湛江草龙舞

佛山木版年画

你的判断：_____

_____

_____

你的理由：_____

_____

_____

_____

活动设计：

2017年6月10日是我国第12个"文化遗产日"，主题是"文化遗产与'一带一路'"。为此，班里展开了一系列的活动，请完成以下两项任务。

（1）结合今年"文化遗产日"的主题，请你设计三项与此相关的活动。

（2）请为本次活动拟写一幅宣传标语（提示：能体现中国特色，要求结构对称）。

第2课　深圳"非遗"话你知

多样而别致的深圳"非遗"

深圳虽地处祖国南方边陲，却依山傍海，气候温和，自古以来就适宜人类生存和发展，又是内地移民和海外交通的要地，有着深厚的历史文化底蕴和丰富鲜活的非物质文化。尤其在600多年前，随着南头古城和大鹏所城的兴建，深圳成为军事重镇，不同地区的官兵进驻深圳带来了各自的文化。300多年前，大批客家人在此定居繁衍，形成了客家文化与广府文化东西"平分秋色"的局面。再加上改革开放，深圳吸引了来自天南海北、塞外江南的数百万建设大军，带来了全国各地的文化习俗。由于不同历史时期移民文化和本地文化的碰撞交融，深圳的文化习俗也就显得多样而别致。归纳起来，大的种类包括石岩客家山歌、大鹏山歌、盐田山歌、舞龙、舞草龙、福永醒狮、下沙黄氏宗祠祭奠、"辞沙"祭妈祖大典、赛龙舟、客家凉帽制作工艺等。截至2017年底，深圳已发掘的非遗资源性项目达240个，其中拥有国家级非遗项目7个、省级非遗项目24个、市级非遗项目59个。

序号	类别	项目名称	保护级别		
			市级	省级	国家级
1	民间文学	望烟楼的传说	☐	●	☐
2		成人石的故事	☐	●	☐
3		陈仙姑的故事	●	☐	☐
4	传统音乐	石岩客家山歌	☐	●	☐
5		大鹏山歌	☐	●	☐
6		观澜客家山歌	●	☐	☐
7		龙岗皆歌	●	☐	☐
8		盐田山歌	●	☐	☐

序号	类别	项目名称	保护级别		
			市级	省级	国家级
9	传统舞蹈	沙头角鱼灯舞	□	□	●
10		大船坑舞麒麟	□	□	●
11		坂田永胜堂舞麒麟	□	□	●
12		松岗七星狮舞	□	□	●
13		龙岗舞龙	□	●	□
14		福永醒狮舞	□	●	□
15		龙城舞麒麟	□	●	□
16		黎围舞麒麟	□	●	□
17		观澜舞麒麟	□	●	□
18		坪山麒麟舞	□	●	□
19		上川黄连胜醒狮舞	□	●	□
20		平湖纸龙舞	□	●	□
21		南山醒狮舞	●	□	□
22	传统戏剧	万丰粤剧	●	□	□
23		潮俗皮影戏	●	□	□
24	传统体育、游艺与杂技	咏春拳	●	□	□
25		肘捶	●	□	□
26		螳螂拳（华林）	●	□	□
27	传统美术	剪纸（田氏）	□	●	□
28		棉塑（肖氏）	●	□	□
29		潮彩	●	□	□
30		贺氏剪纸	●	□	□
31		剪影	●	□	□
32	传统技艺	安琪广式月饼制作技艺	□	□	●
33		红釉彩瓷"满堂红"烧制技艺	□	●	□
34		甘坑客家凉帽制作技艺	□	●	□
35		深圳云片糕制作技艺	□	●	□
36		香云纱染整技艺	●	□	□

续 表

序号	类别	项目名称	保护级别		
			市级	省级	国家级
37	传统技艺	凉帽、围裙带编织技艺	●	□	□
38		喜嫁礼饼（合成号）制作技艺	●	□	□
39		张氏传统灯笼制作技艺	●	□	□
40	传统医药	平乐郭氏正骨法	□	□	●
41		贾氏点穴疗法	□	□	●
42		骆氏腹诊推拿术	□	●	□
43		平乐郭氏正骨祖传秘方和配置秘方	●	□	□
44		不孕不育症中医疗法	●	□	□
45		道家龙门派（嗣广）点穴牵顿脊椎整复术	●	□	□
46		李氏筋伤点穴推拿术	●	□	□
47	民俗	下沙祭祖习俗	□	□	●
48		疍家人婚俗	□	●	□
49		南澳渔民娶亲礼俗	□	●	□
50		大鹏追念英烈习俗	□	●	□
51		下沙大盆菜	□	●	□
52		"辞沙"祭妈祖大典	□	●	□
53		赛龙舟	□	●	□
54		疍民过年习俗（舞曹龙）	□	●	□
55		向南侯王诞祭典	●	□	□
56		天后宝诞祭典	●	□	□
57		沙井蚝民生产习俗	●	□	□
58		开丁节	●	□	□
59		西乡北帝三月三庙会	●	□	□

五花八门的"活化石"

深圳的非物质文化遗产可分为民间文学、传统音乐、传统舞蹈、传统戏剧、曲艺、民间美术、传统技艺、传统医药、民俗、传统体育以及游艺与杂技等类别。在多达200项的非物质文化遗产中，民俗类所占数量最多，包括"沙井蚝民生产习俗""大盆菜宴""南水姊妹节"等77项。"下沙黄氏宗亲祭典"

最有价值，因为该项目历史悠久，仪式完整，传承完好，多年来坚持不懈，并有省级文物保护单位"黄默堂墓"做依托，在海内外有很大的影响，对团结海外华人起了很好的纽带作用，具有较强的文化价值、社会价值和历史价值。

在7个国家级非物质文化遗产中，数量占据一半的传统舞蹈类亦格外引人瞩目。深圳有"白话舞狮子，客家舞麒麟"之说，其中麒麟舞最为常见，目前在深圳的客属地区至少有50支麒麟队。值得一提的是，已入选国家级非物质文化遗产名录的"沙头角鱼灯舞"还作为联系深港两地同胞的民俗艺术桥梁。历史上，英帝国主义强占香港期间，鱼灯舞仍风行深港两地，联络着同胞骨肉情谊。在香港回归之后，鱼灯舞亦一直深得深港人民喜爱，两地人民都为其入选国家级非物质文化遗产名录而欢欣雀跃。

第二章　走进深圳"非遗"代表

【资料卡片】

王程太，研究馆员，广东省非物质文化遗产促进会常务理事，深圳市非遗保护工作专家委员会委员，深圳市"非遗"保护协会主席。他从1995年开始从事深圳市"非遗"保护工作，2007-2014年担任深圳市非物质文化遗产保护中心办公室主任，是深圳市唯一一个专职从事非遗保护工作的专家，撰写了十几篇"非遗"保护工作论文，其中有7篇论文获奖，2009年被国家文化部授予全国"非遗"保护工作先进个人，被誉为"深圳非遗保护第一人"。

问题思考：多样而别致的深圳非遗，体现出深圳怎样的地域文化特色？

导语提示：

在深圳多样而别致的非物质文化遗产项目中，有舞出来的非遗，如沙头角鱼灯舞、平湖纸龙舞；有唱出来的非遗，如大鹏山歌、石岩客家山歌等；也有慎终追远，承载中华民族传统文化的下沙黄氏祭祖习俗、"辞沙"祭妈祖大典；更有让我们在传说与现实中追寻的应人石传说、望烟楼传说。今天，让我们一同走进这些富有特色的地方非遗，追寻他们的前世今生，感受他们的文化魅力，传承文化遗产的精髓。

第3课　烟楼世泽，正气家风："望烟楼"传说

望烟楼的前世今生

原址上重建的望烟楼

"凤凰不墨千秋画，山水无弦万古琴。忠魂常伴千回转，此去瑶台作仙人。"素有"凤山福水福盈地"之称的凤凰山，在民间传说里与文天祥的后人文应麟（按史料考证，他是文天祥胞弟文璧的孙子）多有关联，而凤凰上的望烟楼就是为纪念文应麟所建。据《福永镇志》及《宝安民间文学集成》记载，望烟楼的传说至今已有七百多年的历史。

相传元朝大德年间，文应麟因不满元朝的统治，随祖辈流落到大茅山脚下，并在此繁衍生息，开村立业。他带领文氏家族艰苦创业，后来家底逐渐殷实，其在家族中威望也逐渐变高。他尚气节、怀大义，同情百姓遭遇，为人乐善好施，接济穷困。在当时不方便外出了解百姓的情况下，他想到了一个体察民情的办法，即每到青黄不接或灾年，他经常会爬上凤凰山顶，看看山脚附近村落各家各户的烟囱是否冒烟，以此来判断其是否断粮。如果望见山脚附近村落烟囱没有冒烟，则说明家中断粮，无米下锅，于是就派族人送粮到户，接济贫民。老百姓对他感激万分，称他是一个大慈大悲的活菩萨。

为了方便瞭望，文应麟干脆在凤凰山巅搭建了一座临时的望烟楼，傍晚就在望烟楼上瞭望四

文应麟初到凤凰山的景象

周村落，以便于了解民情、接济穷人。此后，邻里乡人都称赞他为义士、活菩萨。后人为纪念这位乐善好施、关心民众疾苦的义士，便在其临时搭建瞭望台的地方建了一座望烟楼，后人称望烟楼为"烟楼晚望"。如今文氏祠堂楹联刻"烟楼世泽，正气家风"，正是对这段历史的铭记。

1994年，文氏族人重建凤凰古庙，同时在庙内设文天祥纪念馆及应麟厅，以纪念文氏先贤。如今登望烟楼已成为一种民间习俗，人们在祈求美好生活的同时，表达对文应麟这个爱国志士心生敬仰。

【资料卡片一】

凤凰古庙

文应麟闲时游凤凰岩，凤凰岩风景使他印象特别深刻。相传某晚睡后即有梦，梦见观音大士叮嘱他在凤凰岩处建一座寺庙，名叫凤凰岩古庙。他听从叮嘱，安排人员建起了凤凰岩古庙。庙建成后，前来参香拜佛的人群络绎不绝，人流逐渐兴旺起来，连年不绝，凤凰岩的名字也越传越广。渐渐地，人们把大茅山脉称作凤凰山，把岭下村也称作凤凰村了。

【资料卡片二】

在望烟楼上俯瞰凤凰古庙

望烟台在凤凰岩下，相传文丞相侄（孙）文应麟家居于岭下，为何左丞部将。值岁荒，建此楼登眺，凡家无爨（cuán 做饭）烟，赈之。至今犹称"烟楼下"云。

——康熙《新安县志·地理志》

问题思考：读完文应麟的事迹，他身上有哪些品质值得我们学习？

望烟楼传说与祭祀文化

沧海桑田，岁月更迭。每到劳作之余、年节庆祝或祭祀祖宗时，文氏后人都为文应麟举行各种祭祀活动，包括：

（1）家祭。每年端午、中元、中秋等节日，文氏后人每家每户都要在自己的家中对文应麟进行祭祀。

（2）年祭。每年除夕日，文氏后人迎请文应麟等先祖神灵回家，进行祭祀活动。

（3）墓祭。每年清明节、中元节，文氏后人推选长者去文应麟墓前及望烟楼进行祭祀活动。

（4）族祭。每年春节前后，文氏后人聚集在文氏祠堂及望烟楼进行大型的祭祀活动。

祭祖时，族人背向西南，面朝文天祥祖居吉州庐陵（今江西吉安）。这些祭祀活动深具岭南特色，是了解明清珠三角民间民俗文化的活教科书。同时，通过这些祭祀活动，传播了文应麟的义行、美德，弘扬传统文明，建设和谐家庭。而望烟楼的传说也在一代代的祭祀活动中得以传承与延续。

问题思考：通过学习，你认为望烟楼传说在今天有哪些价值？

第4课　唱出来的非遗："大鹏山歌"

独特的"千音"山歌

山歌，顾名思义就是在山间田野唱的民歌。在深圳却有一群爱唱山歌的人，既不是在山间田野唱，也不在街边圩市唱，而是在大海边上唱，他们就是"大鹏人"，所唱的山歌就叫"大鹏山歌"。其历史可追溯到明末清初，盛行于清末，传承至今已有400多年的历史。大鹏话当地人俗称"千音"，又叫"大鹏军语"。"千音"是指古代"大鹏所城"有1000多户军人，1000多个籍贯，1000多个口音。

小小的大鹏所城为什么会出现"千音"呢？据说，这"千音"的大鹏话和大鹏山歌的形成与明代大鹏所城建立有关。据清康熙《新安县志》记载，明洪武二十七年（1394），为防倭寇，在大鹏修建"守御千户所"军事城池。600多年前建立的大鹏所城，城内外居住的军队和军户家属共有2000~3000人，而周围数十里范围草木荒芜，人烟稀少。士兵多半都是从广东、福建沿海招募的，以讲粤语和客家话为主，而军官则基本上都是从朝廷派下来的北方人，官兵之间语言难于沟通。来自天南地北的官兵们在一处巨大的军营堡垒中，内部慢慢形成当时的"普通话"，即融有客家、广府、北方方言、潮汕方言杂交的"大鹏军语"。

古代大鹏御所士兵在长期的练兵打仗、屯田耕种中，产生号子和原生态音乐。特别是随着不断补充进来的外地兵员，囿于熟悉大鹏地方的需要，就产生了"地名歌""问答歌"等，一方面帮助外地兵熟悉当地环境，另一方面也让兵营枯燥的生活增添文化娱乐的情趣。再经数百年演变，民间就流传下如今的大鹏山歌。

【资料卡片一】

大鹏所城内外砌以砖石，周长325丈6尺（约1040米），高1丈8尺，墙面顶部宽6尺，底座宽1丈4尺，内有门楼4座、警铺16间，东西南三面围绕着总长398丈、宽1丈5尺、深1丈的护城河。

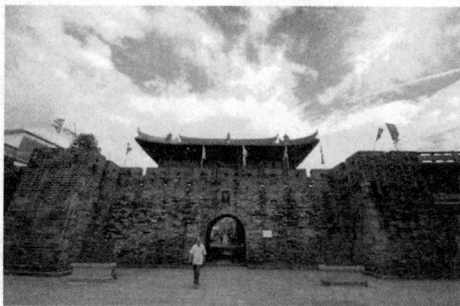

大鹏古城

问题探究①：大鹏所城在古代有着怎样的职能？

问题探究②：从大鹏山歌形成的过程中，体现出深圳民俗的哪一特色？

题材丰富的山歌

用大鹏军语来唱山歌，整个深圳唯大鹏地区独有，演唱多为即兴编词、即兴演唱，看到什么就能唱什么，想到什么就唱什么，其歌词内容具有浓厚的地方特色。大鹏山歌题材丰富，除了生活歌、爱情歌、劳动歌、掌牛歌外，从歌曲用途上可分为有地名歌、问答歌、哭嫁歌、哭丧歌，并且和大鹏军事古城的历史紧密相结合，表现当地人文生态环境。

地名歌主要唱大鹏的地名，诙谐而有情趣，往往一首歌能唱出大鹏十几个地名来，主要适用于大鹏所城招募而来的士兵等"外来移民"记住地方名，方便于生产，同时让人在地名中找到乐趣。例如"上洞夹下洞，土洋行过是葵涌，叠福下沙王母洞，龙歧对面水头涌"，这首地名歌歌词里的"上洞、下洞、土洋、葵涌"等都是大鹏的地名。

哭嫁歌主要是姑娘出嫁时所唱的歌。大鹏地区习俗，新娘出嫁前7天不能见未婚夫，也不能出家门。村里有人来探望或看新娘，出嫁女再唱哭歌，唱词全是对父母、兄弟姐妹和好友感恩、感谢的话。例如"爹娘好啊——哑哈，噫……对我有恩情呦——哑哈，噫……一生报不尽哩——哑哈，噫……来生补你情啦哑哈，噫……"，旋律依次反复。

哭丧歌主要是为死去的家中老人守夜唱的歌，旋律低沉悠长，凄凄切切。唱的内容都是反映死者老人生前的各种德行、为人处事、善心善报等。由于守夜时间长，唱的时间长，随口编的词易上口，也生活化，长期下来形成歌册唱本。如"鸡叫早，三更响，黄鳝提笼甚惨伤，南斗过河北斗亮，北国朝阳还有一更长"。

【资料卡片二】

欧进兴，男，1940年出生。8岁的时候，放牧间向长辈学习唱大鹏山歌，年轻时被公认为"大鹏山歌王"。此人嗓音洪亮，能即兴编词、即兴演唱，非常擅长"地名歌"和"咸水歌"，在大鹏很多民间的山歌擂台赛中都有突出表现。图为欧进兴在晚会上演唱。

大鹏山歌赏析

大鹏地名歌①

七娘山上起云头，打落杨梅坑下求

兄弟齐全鹿嘴角，马尿河前见日头

舂白米头系大碓，写字唔成系碧洲；

狗猎黄猄大岭下，朝朝霞雾半天云；

爱饮甜茶鸡公笃，爱见靓女荔枝山；

上洞田唇夹下洞，土洋行过是葵涌；

叠福下沙王母洞，龙歧对面水头涌；

行出布锦系水贝，行过窑墈系乌涌；

松山隔离系田心，田心前面系大鹏。

问题探究③：这首《大鹏地名歌》体现出大鹏山歌的哪些特点？

第5课　因地制宜的智慧："沙头角鱼灯舞"

"鱼灯舞"的由来和习俗

鱼灯舞是深圳土生土长的非物质文化遗产。说起鱼灯舞，自然要说起它的发源地——沙栏吓村，它是一个位于深圳市盐田区沙头角镇内最临近深港边界的自然村。沙栏吓村背依中英街，面拥大鹏湾，独特的地理位置形成这里独特的客家文化。

根据现存资料考证，沙头角鱼灯舞始于清康熙年间，距今已有三百多年的历史。吴氏祖先根据当地民间元宵张灯作乐的习俗和日常海上捕鱼的生活经验，以及对鱼类习性的认识，经过当时人们的艺术审美想象，创作出一种以鱼灯为道具、具有当地文化风格且易排易演的舞蹈艺术，成为村民茶余饭后自娱自乐的艺术活动。由于当时居民出于对神佛崇拜的偶像情节，迫切需要艺术形式来进行祭祀活动。因此，"鱼灯舞"这样别具风格的舞蹈艺术自然成为最佳

---

① 宝安县地方志编纂委员会编. 宝安县志. 广东人民出版社，1997.

的选择，并在逢年过节、拜神祭祖、喜庆丰收的时候进行演出。

【资料卡片】

沙栏吓村的由来

它在18世纪由吴姓族人所建立。根据《吴氏宗谱》的记载，吴氏祖先大约在清朝康熙年间从博罗县迁至位于深圳大鹏湾西北岸的山嘴村。吴氏族人长期从事耕种与捕鱼，因出海作业的场所离山嘴村较远，深感不便的族人在离山嘴村1公里之外的濒海沙丘用一些旧舢板搭起寮屋，以做于出海捕鱼前后的栖息之所。因该地的沙丘呈"秤杆形"排布，故称作沙栏，而在沙栏上建立的村庄则称为"沙栏吓村"。

七十年代的沙栏吓村（作者摄）

沙头角鱼灯舞的新造鱼灯在首次使用时需要在沙栏吓村的东南方向举行开光仪式，使鱼灯赋有灵气，并寓意其紫气东来。只有经过开光仪式的鱼灯才能参加祭神祭祖等重要日子的演出。

沙头角鱼灯舞在沙栏吓村表演之前，都需吉祥物"麒麟"在队伍前开路。伴随热闹的鼓乐声，由村中长辈手持的黄鳢角带领着众鱼灯来到吴氏宗祠和天后宫进行祭拜。随后队伍来到表演场地，由麒麟首先起舞，象征着喜庆吉祥之意，此举称为旺地，紧接着才开始进行鱼灯舞的表演。若应邀请到别的村庄表演，则需带领众人拜祭该村的祠堂、伯公庙和其他祖庙才能进行演出。

问题探究①：在鱼灯舞的起源过程中，体现出沙栏吓村村民怎样的历史智慧？

"鱼灯舞"的制作和表演

沙头角鱼灯舞的道具制作精巧。鱼灯都是先用竹篾扎成鱼的形状，糊上纱纸，用元粉、牛皮胶和颜料画鱼，再涂上桐油，在鱼腹之下装一条20厘米长的小棍，举棍起舞如海中鱼群一样穿梭。传统的鱼灯舞共有25条鱼，如今精简为18条。

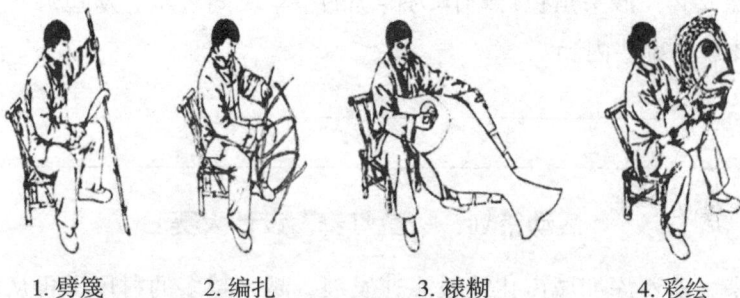

1. 劈篾　　2. 编扎　　3. 裱糊　　4. 彩绘

鱼灯的制作过程

鱼灯舞是男子群舞，专门在晚上表演，场上有四根白色空心柱，用以代表海底龙柱，内点通明烛火，故不必另添灯光，四周则围以海蓝色幕布，寓意大海深处。鱼灯舞依靠锣、鼓、钹、高音唢呐、低音唢呐和螺号来伴奏，均使用广东音乐，有悠闲抒情的《逛花园》《大开门》和轻快欢畅的《得胜令》等。既烘托了舞蹈节奏和情绪，又具有岭南滨海特色。

鱼灯舞在沙头角春节晚会现场表演

表演时不用灯光，观众利用龙柱和鱼灯里的蜡烛光芒，看到"海底"各种鱼类在舞蹈，如美丽的红鲤、机灵的沙鸡鱼、蛮横霸道的黄鳢角……演员们以低马步俯身曲背运行穿插，生动表现鱼儿喜怒哀乐的情绪，呈现出丰富的舞蹈情节。其内容分为三部分：第一部分是各种鱼类在海底自由自在地生活；第二部分是恶鱼黄鳢角欺侮众鱼，追赶吞食；第三部分是众鱼团结反抗，打败恶鱼，重新过上自由自在的生活。舞蹈中各种鱼是寓意一定社会角色的：黄鳢角象征海盗，任意欺压渔民；众鱼象征广大渔民，不畏强暴，向往幸福生活。

问题探究②：沙头角鱼灯舞作为传统的中华民间艺术，从鱼灯舞的表演内容上看，体现出哪些内涵？

_____

_____

活动策划："鱼灯舞"设计大赛

近年来，随着深圳城市化建设飞速发展，越来越多的村民不再从事渔业生产活动，使得鱼灯舞的社会环境愈发艰难。同时，受到"快餐文化"的冲击，以及年事已高的老艺人相继去世，沙头角鱼灯舞面临着资料丢失、后继无人的困境。一份受访调查显示，有40.43%的深圳人对沙头角鱼灯舞闻所未闻，可见其宣传力度严重不足。为了更好地宣传深圳这一国家级非物质文化遗产，现拟开展"沙头角鱼灯舞设计"大赛，设计的内容包括鱼灯舞的标志、招贴、吉祥物等，参赛对象为深圳市全体中学生。快快用的你的聪明才智，为保护深圳非遗做一份贡献吧！

1. 你设计的方案。

2. 设计的内涵。

3. 请为你的设计拟一宣传语。

第6课　"慎终追远"代代传：下沙祭祖习俗

盆菜，众多食物分而烹饪，再汇聚一盆，味道相互渗透，传递着你中有我、我中有你的族群宗亲理念。食物和人心，此刻正为团圆而凝聚。

——《舌尖上的中国》之下沙大盆菜

2014年，中央电视台《舌尖上的中国》节目组走进深圳福田下沙村，拍摄闻名遐迩的下沙盆菜。这大盆菜如何体现"你中有我、我中有你的族群宗亲理念"，要从下沙黄氏祭祖这一习俗说起。

"下沙祭祖"的由来

下沙祭祖，又称"下沙黄氏重阳祭祖"。黄氏在东汉时期发源于江夏郡的安陆，故祖祠称"江夏堂"，俗称"江夏黄"。南宋后期，江夏黄氏后裔黄峭山的第十四代孙黄默堂辗转迁徙，来到下沙开基立村，成为下沙黄氏一世祖。南宋淳祐八年（1248），黄默堂去世，葬于村北莲花山，其子孙开始每年到墓地祭祖。

《黄氏家谱》中载有家训十条，第三条为"重祭"，曰："水有源，木有本，人有心，应立祠堂，置祀产，春秋时节令我族人咸集祠堂，举行典礼，弘扬仁孝之德，除却蠢愚之念。"下沙黄氏子孙牢记祖宗遗训，年年祭祖，世代相传。至九世祖黄思铭时期，下沙的人口迅速增长，经济实力增强，村落规模扩大，进入重要发展阶段。黄思铭去世后，后人于明朝末年在村内建"黄思铭公世祠"纪念他。此时墓地祭祖开始趋于仪式化，有了主祭人，有了三跪九叩的仪式。祭祀规模也开始变得宏大，参加祭典的人数大大增加，在供品中也出现了金猪（烤猪）等兽类供品。墓地、祠堂等祭祀场地基本完备，祭典仪式也臻于完善、成熟，并代代延续至今。

黄思铭公世祠

111

"下沙祭祖"的基本内容

下沙祭祖以"敦亲睦族，弘扬祖德"为宗旨。每年春秋两季，在下沙村内的黄思铭公世祠和莲花山的黄默堂墓地，黄氏宗亲祭祖活动都会如期举行。春祭较为简单，只拜祠堂，时间为每年清明前；秋祭相对隆重，既要拜墓，又要拜祠堂，时间为每年重阳节后的农历9月15（拜墓）和9月16（拜祠堂）。把祭祖安排在重阳节，使得下沙的祭祖与众不同，这充分体现了重阳节敬老爱老的传统美德，与后来我国把重阳节定为老人节相吻合。

黄氏族人在中殿行礼

举行祭祖仪式时，全族男丁都要参加，妇女不能参加祭典仪式。随着时代的发展，现在的祭奠是"全民参与"。拜祠堂时，年满60岁以上的男丁才能进入祠堂，进入祠堂祭祀者均须着长衫。祭祖仪式由长房嫡孙主持，世代相承。下沙黄氏有一条严格的家族规矩："大子无儿，二子当绝。"意思是如果长子没有子嗣，次子必须把自己的儿子过继给长子，以保证家族祭祀的传承人不中断。

祠堂正式祭祀时，所有祭祀人员全部站列于中殿。长房嫡孙、族长、绅士一名为主祭人，站列第一排。60岁以上的男丁为陪祭者，依次站列于后。在中殿三跪九叩之后，主祭人依次进入正殿叩拜、上香、进酒等。由长房嫡孙行初献礼，族长行亚献礼，绅士行三献礼。祠堂祭祖完毕后，要在祠堂外的广场上舞龙舞狮。龙长108米，要上百人才能舞动。最后举行传统的大盆菜宴，全体黄氏后裔、亲朋和来宾都要参加，规模庞大，影响广泛。2014年，央视《舌尖上的中国》走进下沙，让下沙祭祖、吃盆菜蜚声海内外。

舞龙舞狮表演

【资料卡片】

祭祀仪式知多少

1. 祭祀服装：主祭和陪祭者穿着长袍，执事人员穿着黄色中式对襟。

2. 祭典议程：擂鼓或唱文、祭文。

3. 祭祀供品：金猪5头、大盆菜4盆、鸡1只、烤鸭1只、鱼1条、米饭、酒、水果、鲜花（两束）、自制糕点煎堆、手粉。其中，手粉是专供祭祀用的一种自制糕点。

4. 祭祀奏乐：锣鼓（奏大乐）、唢呐、竹笛（奏小乐）。

5. 祭祀用品：酒杯、碗碟、香炉、鞭炮、香蜡纸烛。

问题探究①：祭祀，在中国古代被视为"国之大事"。《周礼》将祭祀的典礼归入吉礼，并将吉礼列为五礼之首。从下沙祭祖这一习俗的由来及其基本内容中，体现出哪些中国的传统文化？

"国际范"的下沙祭祖

下沙黄氏后裔现仍留居下沙的人口仅1500人，而定居海外的却达4000多人，广布于美国、英国、澳大利亚、印度尼西亚和港、澳、台等10多个国家和地区。祭祖成为维系家族的纽带，用以增强家族的凝聚力。每年，来自世界各地的黄氏宗亲都不远万里回到下沙，参加祭祀活动，传承民族文化，增强故土情谊。2004年秋祭，回国祭祖的人数达到1500多人，分别来自中国、美国、

113

加拿大、新西兰、泰国、新加坡等13个国家。海内外的黄氏子孙年年回下沙祭祖、探亲，不忘故土，不忘祖宗，规模盛大，影响广泛，对促进国内外经济文化交流，加强与海外华人和港、澳、台同胞的紧密联系，增强民族凝聚力，促进祖国统一，都具有积极作用。

从农耕文明向工业文明转型的进程中，伴随着城市化的进程、社会的转型、生产及生活方式的转变，依附在农耕文化上的大量民族民俗文化确实正在退出历史的舞台。但是"下沙祭祖习俗"却原汁原味地保留了下来，古老的祠堂与背后的高楼大厦形成鲜明的对比，这是深圳留下来的文化记忆，也是深圳人的共同文化遗存。

问题探究②：作为延续数千年的"下沙祭祖"，对当今构建和谐社会有哪些现实意义？

历史小论文

有观点认为，今天盛行的祭祀活动是祭祀鬼神，是盲目地崇拜，有封建迷信色彩。结合下沙祭祖这一习俗，自拟题目，写一篇不少于500字的小论文，要求观点明确、内容完整。

第7课　舞出来的非遗：平湖纸龙舞

鱼跃龙门三汲水，龙游渭水万长江。

——平湖纸龙舞"禹门"上的对联

这是深圳市平湖街道的省级非遗项目"平湖纸龙舞"表演起势时，在其红色纸门"禹门"写的一副对联，表示平湖纸龙舞整个舞蹈的过程就是表演一个古老的神话故事。平湖纸龙舞有着怎样的神话故事？今天的平湖纸龙舞又有何创新发展？今天让我们一同走进"舞出来的非遗——平湖纸龙舞"。

平湖纸龙舞的由来

平湖纸龙舞即平湖刘氏纸龙舞，是平湖刘氏祖先千百年来，自中原南迁入粤世代相传的一项民间习俗，是一代代居民为驱邪灭妖、除难消灾，祈求新的一年风调雨顺、五谷丰登、国泰民安而在春节期间表演的民间舞蹈。平湖刘氏族人尊龙、敬龙、舞龙，据老人们是说与公元前刘氏祖先"御龙氏"刘累有关，也与汉高祖刘邦有关。据平湖《刘氏族谱》记载："上自源明公起，至夏累公十八世事孔甲为相，善能养龙，封御龙氏。"传说当时天降二龙，难以驾驭，只有刘累征服了二龙，被封为御龙氏。孔甲坐着刘累驾驭的龙车四处巡游，从此国内太平，风调雨顺，百姓称颂。到了秦末，通人性的瑞龙为报答刘氏而痛施苦肉计，不惜尸首分离，化作"白帝子"，被刘氏七十五世祖汉高祖刘邦在芒砀山中剑挥九段，从而激励起义部队的士气，推翻了暴秦的统治。这就是刘氏平湖纸龙为何分为九节、一节一节相连的缘由。虽然有一定的神话传说色彩，却反映了刘氏族人的精神寄托。此后，刘氏后裔便尊崇龙的图腾，喜欢聚族舞龙。

　　问题思考：传说等同于史实吗？二者之间的区别在哪里？

平湖纸龙舞的制作

　　平湖纸龙舞的制作相当考究，以竹木制骨架，用宣纸（后用牛油纸）做龙头、龙身、龙尾，故称"纸龙"。其中龙头的制作难度最大，由口含龙珠的嘴部、前额、后脑、角、手柄等部分组成，体积较大，造型复杂，颜色鲜艳，头角峥嵘，显示出龙的威风。龙的眼睛用灯泡装饰，龙须用1尺多的紫藤（后用小钢丝圈）弯曲而成，分别固定在龙嘴两侧，龙身和龙尾所蒙裱的纸上绘有龙的鳞片，鳞片上贴有金银色纸。龙身则视需要由7到13节组成，每节长1米左右，环环相扣，紧密相连，追随龙头舞动。舞龙正式开始前，经过村中德高望重的老者点睛后，龙头摆动，龙目闪闪发光，龙鳞熠熠生辉。

纸龙舞制作程序之"扎龙骨"

纸龙舞的表演要求和内容

平湖舞龙队每队约需30人组成，其中鲤鱼2人、龙头龙尾各1人、舞龙身7人、举风调雨顺等大栋（玉柱）的4人、禹门2人、后备人员3至5人，可表演许多动作和造型，舞龙队以狮鼓、大钹、锣作打击乐，以唢呐、长笛等为吹奏乐器，故乐队需要8～12人，同时男女不混舞，有女队参加的，另增20人左右。

掌龙头的人是全龙阵的灵魂，舞龙是否生动活泼、紧凑顺畅、引人入胜都靠龙头带领，龙头走什么路，龙身和龙尾随形似影跟着走。鲤鱼引龙走在龙头的前面，但仍然只是对龙头和整个龙舞起配合作用。通常驻场表演时，大栋（玉柱）及禹门立定，鲤鱼与龙上下左右相戏，或由金龙表演各种舞蹈动作。在喧闹的鼓乐声中，龙头摆动，舞龙队员各就各位，右手执龙把中央，左手执龙把下端，随着锣鼓的节奏，龙头反复转动，或绕场一周回到原位，或走街串巷、四处巡游。

平湖纸龙舞由七个部分组成，一是"鱼跃龙门"，二是"金龙闹海"，三是"飞龙定海"，四是游龙戏水，五是鲤戏神龙，六是龙游四海，七是祥龙献瑞。每次表演结束前，金龙都会随着鼓乐排列好整齐的队伍，郑重地向父老乡亲再三祈福，向观众致谢后方恭敬退场。

纸龙舞的表演

平湖纸龙舞发展到今天，无论是制作技艺、仪式、表演方式等方面都在不断发展创新。如今纸龙制作技艺的传承人刘荣康是刘寿发老人带出来的弟子，他现在制作出的纸龙舞更为精巧，体现了在传承中有所创新。比如其特别强调工艺最复杂的龙头制作。他制作的龙额似驼头，饱满宽阔的前额表示聪明和智慧；龙角似鹿角，表示社稷和长寿；龙耳似牛耳，寓意名列魁首；龙眼如虎眼，表示威严；龙鼻如狮鼻，象征富贵。

现在的平湖纸龙侧重于沉稳，有着王者的威严与神秘，使人敬而远之。在仪式方面，"送龙神"时，龙队在公众场合遇到其他龙队即右侧避让，如遇麒麟队或狮队，龙队则不能避让，并及时鸣锣击鼓警示对方。

随着时代的发展，平湖纸龙舞队伍越来越庞大，越来越多的居民加入传承纸龙文化的行列中，舞龙队伍已经从1条增加到4条，有2条成年队，还有女子队和少年队。平湖社区还专门聘请专业老师指导，使舞龙节奏更紧凑、姿态更优美，更能吸引人。在继承的基础上适当创新，加入一些现代元素，可以扩大影响力，为年轻人所接受，有利于纸龙舞的传承发展。有理由相信，平湖纸龙舞会在新时代将绽放越来越多的精彩。

问题思考：平湖纸龙舞在今天的创新与发展，使得古老的非遗文化重新绽放生机与活力，这对你有哪些启示？

第8课　综合实践课：寻找身边的非遗

问渠那得清如许？为有源头活水来。

——朱熹《观书有感》

任何知识的获得都要亲身躬行，才能获得其中的精华所在。非物质文化遗产的产生和发展离不开具体的地理环境和历史传承，因此详细介绍相关的地理环境、文化传统、历史遗迹、人文特点等实践背景是十分必要的，设置综合实践课的目的就在于鼓励学生走出教室，实地探访非遗。

综合实践课：考察深圳非遗

请同学们根据实际情况，将下列活动方案补充完整，然后按照方案进行实地考察，并完成实践报告。

1. 考察时间。

2. 考察地点。

3. 参与成员。

4. 非遗简介。

5. 考察目的。

6. 考察内容。

7. 准备工作。

8. 考察计划。

9. 注意事项。

第9课 非遗的保护与传承

现在能用大鹏话唱大鹏山歌的没几个人，且年龄最大者已86岁，能唱龙岗皆歌的也没有几个了，而且也都是七老八十的人了。布吉甘坑凉帽村的凉帽已经停产十几年了，技艺师傅也就那么几个人。如果再不传承，十年后也许难觅其踪迹。

——深圳非遗保护第一人王程太

非遗保护的他国经验

法国是世界上第一个制定历史文化遗产保护法的国家。1840年，法国颁布了《历史性建筑法案》，这是世界上第一部关于保护文物的法律。目前，法国有1.8万多个文化协会保护和展示历史文化遗产。这些古迹遗址和历史建筑每年吸引游客达6000多万人次，为世界之首。一方面，全法国已划定了91个历史文化遗产保护区。历史文化遗产保护区的确立并不意味着将其封闭保护，法国政府采取让历史文化遗产保护区敞开大门的措施，使之成为人们了解民族历史与文化的窗口。另一方面，法国人还首创了"文化遗产日"。每年9月的第三个周末，所有博物馆均向公众敞开大门，公立博物馆免门票，像卢浮宫、凯旋门等著名博物馆和历史古迹也在免费开放之列。私立博物馆门票减价，它们可以得到税收优惠，这些都增强了公众的参与感和保护意识。

日本既是非遗理论的最早提出者，也是非遗保护工作的最早实践者。半个多世纪前，日本就颁布了《文化财保护法》，在1955年展开了对国家级非物质文化遗产及其传承人的指定工作。在日本，这些被称为"无形文化财保护者"的传承人，受到了全国自上而下的尊敬，民间亲切地称他们为"人间国宝"。

至今，共有360人被官方认定为"人间国宝"，现存者114人，平均年龄75岁，最低年龄57岁。针对非遗传承人多数年龄较大、很多非物质文化遗产"后继无人"的难题，日本东京文化财研究所所长铃木规夫曾表示："找到专业的接班人很重要，但普及工作更为重要，看得懂并感受其中乐趣的人越多，文化财状况越改善，专家也会越来越多。"

从1997年开始，意大利政府在每年5月份的最后一周举行"文化与遗产周"活动，意大利国家博物馆、艺术画廊、考古博物馆、文物古迹、著名别墅以及一些著名的建筑等所有国家级文化和自然遗产都免费对外开放。全国各地150个城市中，数百座平时不对外开放的古迹一律向公众开放。除了自然和文化景观遗产之外，意大利政府也积极发展乡村生态旅游、美食文化旅游，促使非物质文化遗产在新时代的发展。

问题思考：非遗保护的他国经验给我国保护非物质文化遗产带来哪些启示？深圳在非遗保护方面有哪些行动？

参考文献

［1］深圳博物馆编.深圳民俗文化［M］.北京：文物出版社，2010.

［2］深圳市文化局.深圳市第二批市级非物质文化遗产代表性项目名录［M］.北京：文物出版社，2014.

［3］廖虹雷著.深圳民俗寻踪［M］.深圳：海天出版社，2008年.

［4］王卫宾.深圳掌故［M］.深圳：海天出版社，2013年.

［5］牟延林，谭宏，刘壮.非物质文化遗产概论［M］.北京：北京师范大学出版社，2010.

［6］宋俊华，王开桃著.非物质文化遗产保护研究［M］.广州：中山大学出版社，2013.

［7］段宝林.非物质文化遗产精要［M］.北京：中国社会出版社，2008.

［8］王文章.非物质文化遗产概论［M］.北京：文化艺术出版社，2006.

［10］《话说平湖》编委会.话说平湖［M］.广州：南方日报出版社，2015.

［11］廖虹雷.深圳历史文化丛书：深圳民间节俗［M］.广东：深圳报业集团出版社，2015.

［12］杨兴锋，王春芙主.岭南记忆：走进广东非物质文化遗产［M］.广州：南方日报出版社，2009.

［13］黄平."非遗"文化沙头角鱼灯舞的艺术价值与视觉传播研究［D］.广州：广东工业大学，2012.

［14］王程太.深圳民间祭祀文化探析——以"下沙祭祖"等三个非物质文化遗产项目为例［J］.文化遗产，2012（2）.

［15］郑雪松.中小学非物质文化遗产校本课程开发［J］.课程·教材·教法，2017（1）.

［16］彭全民.深圳掌故漫谈［M］.深圳：深圳报业集团出版社，2015.

［17］陈海滨.深圳古代史［M］.深圳：深圳报业集团出版社，2015.

［18］深圳博物馆.深圳博物馆基本陈列——古代深圳［M］.北京：文物出版社，2010.

［19］深圳市文物管理委员会办公室，深圳博物馆，深圳市文物考古鉴定所.深圳7000年——深圳出土文物图录［M］.北京：文物出版社，2006.

［20］潘惠茹.何处是家乡—沙井墟镇居民口述史［M］.广州：花城出版社，2016.

［21］秋明.在最初的日子里［J］.宝安史志通讯，2001（1）.

［22］深圳博物馆.宝安三十年史（1949-1979年）［M］.北京：文物出版社2014.

［23］深圳市宝安区档案局，深圳市宝安区史志办公室编.宝安大事记［M］.北京：中国书籍出版社，2003.

［24］胡绳.中国共产党的七十年［M］.北京：中共党史出版社，1991.

［25］深圳市档案馆.民国时期深圳档案文献演绎（第三卷）［M］.广州：花城出版社，2001.

［26］陈宏.1979-2000深圳重大决策和事件民间观察［M］.武汉市：长江文艺出版社，2006.

［27］中共深圳市委宣传部写作组.深圳的斯芬克斯之谜［M］.深圳：海天出版社，1995.

［28］王穗明，林浩.深圳口述史［M］.深圳：海天出版社，2015.

［29］王硕.深圳经济特区的建立（1979-1986）［J］.中国经济史研究，2006（3）.

［30］吴庆琳.不一定第一，但一定唯一［M］.上海：华东师范大学出版社，2013.

［31］王京生.深圳十大观念［M］.深圳：海天出版社，2013.

［32］中华人民共和国教育部制订.普通高中历史课程标准（实验）［M］.北京：人民教育出版社，2003.

[33] 范兆雄.课程资源概论［M］.北京：中国社会科学出版社，2002.

[34] 小威廉姆·E·多尔.后现代课程观［M］.王红宇，译.北京：教育科学出版社，2000.

[35] 王守丽.高中历史课程乡土资源的开发利用［D］.长春：东北师范大学，2014.

后　记

本书从2017年初开始酝酿，撰写工作始于2017年5月，成于2018年6月。

本书也是由我主持、大家共同参与的深圳市教育科学规划立项课题"地域文化视域下本土中学历史课程资源开发利用研究——以深圳为例"的一个目标性成果。一段时间以来，我一直被这本书的编写工作追赶着，日常教学工作和教研活动之余，念兹在兹，未曾懈怠，但进展总是差强人意。本书得到肖学老师、晨曦老师、李蓉老师、周玲老师、王英俊老师、马晓霞老师和卫然老师的很大帮助。在此，万分感谢他们的辛勤付出和专业追求。本书的出版还要感谢深圳市教科院历史教研员唐云波老师的关心和支持。

在本书即将出版之际，有两句诗句最能够表达此刻的心情："却顾所来径，苍苍横翠微。"回顾的心情总是复杂的，有完成阶段性任务暂时卸下重任后的欣慰，也有由于种种原因无法完全达成原来心愿的遗憾；有回顾撰写过程中大家齐心协力、忘我工作所萌生的感动，更有对支持和帮助我们风雨兼程的人们的感恩。无论如何，最后要再次感谢时代中的同路人，我们一起走过了无声岁月的许多角落，领略了已经成为历史的时代风貌，相信未来还有更多的路径、价值、意义值得我们去求索。

黄斌胜

2018年7月于鹏城